MOMENTOS

Relatos y otros escrîtos

ExLibric

JOSÉ HERRERA PERAL

MOMENTOS

Relatos y otros escrîtos

EXLIBRIC

ANTEQUERA 2020

MOMENTOS. Relatos y otros escritos
© José Herrera Peral
© de la imagen de cubiertas: *Momentos*, obra de Joaquín Peral (José Herrera Peral), acrílico sobre lienzo, 2008
Diseño de portada: Dpto. de Diseño Gráfico Exlibric

Iª edición

© ExLibric, 2020.

Editado por: ExLibric
c/ Cueva de Viera, 2, Local 3
Centro Negocios CADI
29200 Antequera (Málaga)
Teléfono: 952 70 60 04
Fax: 952 84 55 03
Correo electrónico: exlibric@exlibric.com
Internet: www.exlibric.com

ISBN: 978-84-18230-18-9
Depósito Legal: MA-442-2020

Nota de la editorial: ExLibric pertenece a Innovación y Cualificación S. L.

JOSÉ HERRERA PERAL

MOMENTOS

Relatos y otros escrîtos

Prólogo

Este pequeño libro que he escrito me ha servido para pensar, no olvidar, reflexionar y compartir historias y sentimientos con el lector. Dado que es una autoedición, está destinada fundamentalmente a los amigos, a las personas cercanas y también para cualquiera que desee conocer aspectos de la vida, de las dudas existenciales, de un humano que desde su último tercio de la vida mira y analiza sus vivencias y sentimientos enmarcados en la sociedad actual. En fin, en lo personal es el cierre de una etapa o de un periodo dentro del ciclo vital de un individuo que ha vivido y vive entre los siglos XX y XXI.

Lo he titulado *Momentos* porque los relatos y escritos diversos que están en estas páginas son eso: momentos en la vida de una persona que escribe algunas historias reales, otras de ficción, y además ideas y asociaciones libres que pasan desde el cerebro al papel sin un juicio crítico estricto. Hay también un afán de contar, de retener historias y, por supuesto, de que estas sean leídas. Algunos de estos relatos ya los compartí con mis amigos hace unos años; ahora he ampliado el texto con otras historias y quizás al haber transcurrido casi dos décadas desde las primeras se aprecie el efecto del tiempo en el pensamiento y la mirada de este modesto *escritor*.

Aunque no soy uno en el sentido habitual del término, sí soy un hombre que escribe y, por lo tanto, al igual que otros narradores me he planteado el porqué de la necesidad de escribir. Conozco muchas respuestas a esa pregunta, sin embargo, solo logran satisfacerme parcialmente. Pienso que se debe a una necesidad de comunicación que nos permite contar, conservar historias, entretener, ampliar nuestro horizonte cerebral, transmitir vivencias e incitar a veces a la reflexión sobre las dudas y la conducta del ser humano en el quehacer cotidiano de la realidad. Hace ya unos años hice leer a mi amigo Federico Soriguer un grupo de estos relatos y también le manifestaba entonces el interrogante de por qué escribimos. Me contestó con un texto que resumidamente os transcribo a continuación:

El escribir, autoeditarse y compartirlo con los amigos es un privilegio y un ejercicio democrático desconocido hasta ahora cuando, gracias a la técnica, desparece o está desapareciendo la línea, verdadera frontera alambrada que separaron al escritor del editor y sobre todo del lector. Hoy, afortunadamente, la escritura vuelve a sus orígenes que son los de la epístola entre amigos; eso es al menos lo que dice Sloterdijk de la cultura occidental: la historia de una gigantesco epistolario entre amigos. Primero, los griegos, que en aquellas cartas entre ellos sentaron las bases que luego copiarían los romanos, ávidos lectores de aquellos griegos a los que les había dado por contar en voz alta sus cuitas, sus costumbres, sus amores y desamores, y todo aquello que constituye la urdimbre de lo humano. Luego, siguieron los bárbaros, que leyeron a sus enemigos los romanos y con sus cartas se romanizaron, continuando con esa tradición de vampirismo antropológico que no ha cesado hasta nuestros días.

En fin, espero que vosotros mismos os deis una respuesta a los motivos por los que se escribe y tras la lectura de estas páginas sintáis que ha merecido la pena dedicarle vuestro tiempo.

José Herrera Peral (Pepe Herrera)

Opiniones sobre *Momentos*

Los momentos de Pepe Herrera aquí recopilados son un trozo de su vida, pero también de la vida de cada uno de nosotros. Son una apasionada, y además hermosa, reflexión, muy próxima a la filosofía, a la filosofía de todos los días. De esa que necesitamos para entender las cosas. Y son asimismo una catarsis. Y un homenaje. Y eso hay que agradecérselo a Pepe.

Hay momentos inquietantes, sobre todo. Los hay conmovedores hasta la lágrima. O cargados de un humor casi negro. Y, a veces, el desasosiego se mezcla con la emoción, con la ternura, con el humor. Porque a su autor, lejos de ser esclavo de una sola ciencia, le gusta vagar por caminos inexplorados. Creo que siempre ha tenido ese espíritu errático que lo enriquece.

Dentro de una aparente heterogeneidad y un falso desorden —que no es sino el caos de la propia vida—, desfilan en los momentos el cambio climático, la inmigración, la xenofobia, la enfermedad, el miedo, el fanatismo, la religión, el amor, el paso del tiempo, el envejecimiento,… En definitiva, la vida, y la muerte. «Solo bioquímica desde el principio al fin». Eso son los m*omentos* de Pepe Herrera. Y los de todos nosotros. La vida, el «acortamiento de los telómeros» y la muerte.

¡Ah! Léanlos, si pueden, con Thelonious Monk de fondo. Y diviértanse. Sospecho que podrán contestar a Pepe su pregunta final: ¿por qué o para qué escribo?

Alberto Salamanca (Granada, España)
Escritor y médico

★★★

Uno se desliza suavemente por la prosa de *Momentos* sin necesidad de descansos. Recorre el cielo terrestre y el infierno terrestre, el amor y la intolerancia, el exilio y el abrazo de los otros, la soledad y la compañía de la nostalgia.

Pepe Herrera en estos relatos va por la vida como rindiendo cuentas y no queda más remedio que acompañarlo y, como amigo que vive en otro continente, aprobar sus valientes testimonios que sirven para unirnos en este mundo que se cree global y nos exilia a todos.

Juan Serra (Tucumán, Argentina)
Político. Periodismo

★★★

El libro de Pepe requiere de una autorización de nosotros, la de dejarse interpelar por cada una de las historias, que nunca pertenecen solamente al autor.   Los relatos ocurren en algún lugar del pasado o del futuro en donde las marcas que va dejando Pepe, hace que muchas veces se prefiera que lo que cuenta no hubiera existido y que todo su recorrido sea ficción.

Nos hace guiños, de complicidad, logrando hacer humano lo que quisiéramos alejar de nosotros, nuestra propia extranjeridad.

Sin embargo, no nos deja escapar, atravesando los límites del lenguaje con la ternura, que es su singularidad, logrando como pocos de nosotros, no desvirtuarla en su escritura.

Los relatos a veces son experiencias que, en principio, se muestran simples, cotidianas, sin embargo, acaban mostrando toda la fuerza de una inusitada revelación.

Los lectores, quizás encuentren como yo, en las historias que nos va contando Pepe, seres de este mundo a quienes aún se puede amar.

Leyendo a Pepe, estaremos menos solos, acompañados por él, en su desafío de atrapar con el lenguaje el imposible de la comprensión humana.

Zully Flomenbaum (Jerusalén, Israel)
Psicoanalista, miembro de la Asociación
Mundial de Psicoanálisis, AMP

Índice

Insomnio

Miré hacia la mesita de noche y vi en el despertador que eran solo las tres de la madrugada. Desde hacía cierto tiempo a menudo tenía insomnio. Pensé lo malo que es el paso de los años. Al instante de tener ese pensamiento, tuve una sensación desagradable dentro de mí dado que no me gusta reconocer los achaques de la edad. El dormir mal había comenzado tras mi jubilación. Palpé en la oscuridad entre las sábanas y a mi lado estaba mi mujer que dormía profundamente. Le acaricié sus cabellos y me invadió una sensación tranquilizadora al saber que estaba cerca de mí; habíamos superado un periodo de crisis de esos que sobrevienen a la parejas cuando llevan muchos años conviviendo. Mantuve los ojos abiertos y al rato ya me había adaptado a la penumbra de la habitación. Hice un intento de dormirme. Cambié de posición, cerré los párpados y procuré no pensar en nada, sobre todo no quería pensar en lo que tenía que hacer a la mañana siguiente. Di muchas vueltas en la cama durante un largo rato y esto aumentaba mi desasosiego. Me fue imposible volver a conciliar el sueño. Aparecían en mi mente pensamientos relacionados con mi anterior trabajo y con la situación del mundo; recordé las absurdas noticias del telediario de la noche anterior que solo demostraban lo inmensas que pueden ser la estupidez y la maldad humanas.

Como no podía dormirme, me levanté sigilosamente. Caminé hasta el cuarto de baño y tuve mi lucha particular con las dificultades urinarias, situación que compartía con varios amigos de la misma edad. Luego, fui al salón y me puse unos cascos para oír música. Comencé con Thelonious Monk y el *jazz* me transportó en el tiempo y en el espacio. No sé por qué recordé a una novia de mi juventud si hacía más de cincuenta años que no sabía de ella. Me imaginé cómo sería su rostro y su silueta ahora, ya que por entonces era de un atractivo magnético y subyugante. Quizás ella, si es que aún vivía, estaría como yo, notando los efectos del paso del tiempo y probablemente, ya no cautivaría a nadie.

Quise olvidar ese tema y lo hice cambiando de música. En unos instantes, penetró en mi cerebro la interpretación de Glenn Gould de las *Variaciones Goldberg* de Bach. Esas notas de piano, además de deleitarme y trasladarme a otro lugar, despertaron en mi mente recuerdos de una novela que años atrás había leído: se titulaba *Sábado*. Había sido escrita por McEwan y en ella se hacía referencia a esa pieza musical, ya que uno de los personajes, que era neurocirujano, la ponía en quirófano mientras operaba. Disfrutando de Gould, comencé a hojear un manuscrito que tenía desde hace tiempo sobre la mesa del salón. Era otras de mis ocupaciones pendientes: había comenzado a escribir unas memorias de mi vida profesional como médico. No sé por qué, pero relataba bien y sin dificultad la rutina que había tenido durante más de cuarenta y cinco años. Sin embargo, cuando escribía sobre casos clínicos que marcaron mis vivencias de ginecólogo, recordaba a las personas como individuos únicos y no como pacientes en general; cada mujer y su núcleo familiar tenían una riqueza de matices que ahora y pasado los años los aprecio aún mejor. Lo cierto es que me detenía en cada historia particular de mis pacientes y sus circunstancias, lo que hacía que la proyectada memoria profesional fuera mutando a otra cosa: se transformaba en un relato de seres humanos que compartieron conmigo quizás los momentos más importantes de sus vidas donde la existencia, la enfermedad y la muerte hacen su impronta para siempre. La mayoría de ellas confiaron en mí y las experiencias compartidas pasaron a formar un territorio común en los recuerdos. Me daba la impresión de que nuestras vidas se habían entrecruzado en una telaraña que nos envolvía de forma placentera, aunque también ahora algo triste por la sensación de que había llegado a un final.

Al dejar el manuscrito sobre la mesa, golpeé accidentalmente unas fotos enmarcadas que mi mujer tenía en el salón. Aunque siempre estaban allí, esa madrugada las observaba de modo diferente. En ellas estábamos toda la familia: mis hijos, más pequeños, nosotros, más jóvenes; todos sonrientes y felices en aquel hotel de las playas gaditanas que era como nuestro hogar de adopción en los veranos de nuestra vida. En ese instante, me propuse que debía evitar la fuga del pensamiento a recuerdos que ya no volverían, pero de los que me sentía dichoso de haberlos tenido. Apagué la música y me quité los auriculares; siempre trato de ser muy racional ante los hechos de la vida, pero en esos instantes no lo estaba siendo. Miré el reloj y eran las seis y media de la mañana. Volví al dormitorio.

En ese momento, fui totalmente consciente de que mi insomnio sí tenía entonces motivos claros para haberme alterado la noche. No era como en otras ocasiones; me di cuenta de que no había querido pensar deliberadamente en lo que teníamos que hacer mi mujer y yo aquel día.

A las siete de esa mañana especial sonó el despertador. La luminosidad de un día radiante se filtraba por todos los ángulos de la habitación en el comienzo de ese lunes que hacía presagiar una jornada calurosa en nuestra querida ciudad. Aunque estaba totalmente despierto, permanecí sentado unos veinte minutos más en la cama. María seguía dormida a mi lado, inmóvil y demostraba poco interés en levantarse para realizar las actividades que teníamos previstas para ese día tan señalado; al menos, eso es lo que me pareció a mí. Mi mujer y compañera, siempre tan vital, había sufrido un cambio en su actitud desde que notó aquel bulto en el cuello. Llevábamos semanas de pruebas médicas a las que yo acudía como un acompañante más, lo que me había costado mucho dado que durante años estuve al otro lado de la mesa en una consulta. Tras acariciarle su rostro sin obtener respuesta, me levanté y me dirigí a la cocina; desde allí, observé el jardín en donde el verde césped y las preciosas flores producían un placer sensorial intenso solo alterado por el miedo que se había instalado en nuestras vidas desde que nos sentimos amenazados por la enfermedad y la muerte. Preparé el desayuno y en una bandeja lo llevé a nuestro dormitorio. Desperté a María y desayunamos casi sin hablar, pero, cuando ella salió de la ducha, se abrazó a mí sin pronunciar palabra: no hacía falta.

Unas horas después, ya estando en la sala de espera del hospital, fuimos llamados a la consulta de la médica. Nos recibió sin mirarnos mientras observaba unos informes que tenía sobre la mesa. Mientras los leía, nosotros estábamos tomados de la mano y sin quitarle la vista a las expresiones de su rostro. Unos instantes después, la doctora levantó la vista y nos dijo:

—No es nada importante, es solo un proceso inflamatorio antiguo. No hay que hacer ningún tratamiento. —Se puso de pie y se acercó a María. Le dio un beso en la mejilla y le dijo — Nos vemos el año que viene.

Salimos de la consulta y casi corrimos por los pasillos del hospital. Parecía que los dos hubiésemos rejuvenecido; con la fuerza de la alegría y del optimismo nos sentíamos lanzados al paraíso de una felicidad recuperada. Cuando llegamos a casa, estaban nuestros hijos esperándonos: nos fundimos en un abrazo todos juntos y nos dispusimos a preparar una comida familiar especial.

Esa noche ya no tuve insomnio, aunque soñé que terminaba de escribir mis memorias al tiempo que escuchaba a Thelonius y a Gould.

Ruidos

Estaba profundamente dormido cuando Marta me despertó:

—He oído ruidos —me dijo.

Tardé en despertarme, pero unos minutos después bajaba por las escaleras aguzando los sentidos para intentar confirmar lo que ella había oído. En ese momento, escuché una crepitación que provenía del salón; me detuve con brusquedad. Pensé que habían entrado ladrones en casa. Sentí en mi cuerpo al mismo tiempo una mezcla de miedo y rabia. Todos mis sentidos se pusieron en alerta máxima y esperé agazapado que algo ocurriera. Pasaron los minutos y solo reinó el silencio. Marta se reunió conmigo y esperamos juntos un largo rato.

Al constatar que no se repetían los ruidos, decidimos recorrer la casa y no observamos nada anormal: todo estaba en orden. Volvimos a la cama, aunque tardamos en dormirnos otra vez, ya que los dos, sin hablar entre nosotros, permanecimos bastante tiempo escrutando el silencio para interpretar qué nos había sobresaltado aquella noche.

Al día siguiente, retornamos a nuestros trabajos y no volvimos a hablar del asunto, pero por la noche, a las dos de la madrugada, volvió a ocurrir lo de la velada anterior. Esa vez oímos pequeños ruidos, crujidos de maderas y sonidos como si los muebles fuesen deslizados de un sitio a otro. Repetimos el periplo de la noche pasada: recorrimos temerosos y preocupados cada una de las habitaciones de la casa y no encontramos ninguna explicación a nuestras percepciones auditivas. A pesar de ello, no desapareció en nosotros la sensación de angustia intensa.

La semana siguiente estuve solo en casa. Marta me dijo que tenía que viajar por razones de trabajo y que estaría varios días fuera; más tarde, me di cuenta de que había sido solo un pretexto para no estar en casa, ya que ella tenía pánico de volver a pasar una noche como las que habíamos vivido llenas de ansiedad y desasosiego. Para mí, esos días de soledad fueron una repetición de los anteriores: cada noche que pasaba oía más ruidos inexplicables, pero comenzaba a acostumbrarme a ellos. Pasé del miedo que me inmovilizaba a necesitar oír esos ruidos que rompían la soledad que me embargaba desde hacía tanto tiempo. Marta no regresó nunca y tampoco la extrañé.

Con el paso de las semanas, noté que ese lenguaje de sonidos nocturnos comenzaban cada vez más temprano y eran también más nítidos e intensos: oía ruidos de sillas, puertas que se abrían o cerraban y hasta voces susurrantes.

Ayer, al anochecer, cuando regresaba del trabajo, al acercarme a mi casa vi luz en su interior. Me quedé paralizado e incluso dudé por un instante de si estaba en el sitio correcto. Unos segundos después, me repuse y, mientras introducía la llave en la cerradura, la puerta fue abierta por una mujer de mediana edad, muy afable, que me invitó a entrar en mi propio hogar. Me quedé estupefacto, pero sin hablar siquiera la seguí como un autómata hasta el salón. Allí había un hombre de sonrisa plácida que me invitó a sentarme en su mesa, ya que al parecer mi llegada había interrumpido la cena.

Como si fuese una situación ordinaria, cenamos los tres, conversando de cuestiones diversas, hasta que esos anfitriones en mi propia casa se despidieron de mí y se marcharon hacia los dormitorios. Me quedé solo, sentado en el sofá del salón, y, al cabo de un rato, comencé a oír los ruidos de siempre en las habitaciones contiguas. No sabía qué pensar y no supe qué hacer, por lo que opté por pasar la noche allí tumbado. Para distraerme, me dediqué a descifrar los sonidos que invadían la casa; me quedé dormido.

Los pasos de Zweig

—No, Stefan, no llevas razón —dijo Marcos mientras se pasaba la mano por sus cabellos en un gesto que denotaba cansancio y hastío. Una vez más, entablaba una discusión que de antemano sabía que terminaría en nada, ya que ninguno lograría convencer al otro.

Stefan Zweig, escritor judío no practicante, cosmopolita y amante apasionado de las artes, de la cultura y del conocimiento, no podía dar el brazo a torcer ante los argumentos de mi bisabuelo Marcos, sionista convencido, cuando abordaban el tema que ellos llamaban «de la cuestión judía». Mientras en Europa morían millones de personas victimas del odio y el fanatismo, mi bisabuelo y Stefan, sentados en un café de Buenos Aires, hablaban del futuro del mundo:

—Los males de la humanidad de los últimos siglos siempre han estado ocasionados por las religiones fanáticas e intolerantes, la codicia de los poderosos, los nacionalismos y los dogmatismos totalitarios —aseveró sin vehemencia Stefan, quizás porque ya se lo había dicho tantas veces a Marcos que este ni le contestó.

Zweig estaba de paso por Argentina, ya que tras presentar su libro *Novela de ajedrez* se marcharía a Brasil. A pesar de que rechazaba con firmeza y contundencia los argumentos de mi bisabuelo, Stefan transmitía a través de su mirada y de su rostro unos sentimientos de tristeza, desilusión y pesimismo. Charlotte, su esposa, permanecía callada a su lado cogiéndole de la mano y con su mirada parecía decirle que para qué discutir si mejor es el silencio. Stefan, que había frecuentado y participado en los acontecimientos artísticos y culturales más destacados de las primeras décadas del siglo XX, estaba ahora hundido en una silla y, al comprender la mirada de su mujer, guardó silencio y casi no volvió a hablar aquella noche, solo concretaron algunos nombres de personas que en Petrópolis los ayudarían a asentarse en la ciudad que acogería esa nueva etapa del exilio.

Al regresar al hotel, Zweig no pudo dormir ya que recordaba a muchos amigos que en la vieja Europa habían compartido con él la ilusión de un mundo creativo, tolerante, culto e innovador. Aunque se lo había preguntado muchísimas veces a sí mismo, seguía sin encontrar respuesta en su cerebro sensible y racional sobre el porqué de la barbarie y la sinrazón que asolaban las tierras en las que antes se había disfrutado del arte, la ciencia y la esperanza de una sociedad mejor. Después de mucho meditarlo, concluyó que quizás su tiempo había terminado y su mundo había muerto.

★★★

Cuando iba a releer lo escrito, oí tres golpes en la puerta de mi despacho: era la forma habitual en que Carmen, mi secretaria, anunciaba su entrada. Al verla acercarse, mi rostro adquirió una rigidez, una seriedad y una impenetrabilidad que yo había aprendido a adoptar para marcar las distancias con todas las personas que me rodeaban.

—Sr. Benzaquén, pronto se iniciarán los cortes de agua y energía. ¿Activo el generador? —me preguntó y sin mirarla le respondí que sí.

Desde hacía cinco años, solo disponíamos de agua y energía unas cuantas horas al día. El despilfarro, el cambio climático, las guerras y la prolongadísima sequía —más de ocho años sin llover— nos habían cambiado la vida. En realidad, ya casi no nos acordábamos de cómo vivíamos antes: los paseos por la playa, el ocio en la piscina, las duchas diarias, las calles y casas iluminadas habían pasado al terreno de los recuerdos brumosos e inciertos. Quizás a veces estos recuerdos estaban agigantados por comparación con las actuales carencias e idealizados también al ver películas de otras épocas que ya parecían pertenecer a un pasado muy lejano.

Mi fama en el ministerio de funcionario incorruptible, duro, distante e inflexible, producto de mi forma de actuar, me había transformado en otra persona: me sentía juez o supremo hacedor cuando decidía sobre la solicitud de visado de miles de personas que pretendían dirigirse fuera de Europa. Años atrás, las estrategias diseñadas por mí en la lucha sin cuartel contra la emigración ilegal me habían dotado de gran prestigio y ello facilitó mi ascenso en la institución gubernamental regional. Sin embargo, ahora me dedicaba a dos funciones primordiales: la primera consistía en conceder los cupos de racionamiento del agua tanto para uso familiar como industrial; la segunda, que era donde estribaba mi mayor responsabilidad, se debía a que yo era la autoridad incontestable e inapelable que disponía sobre la concesión de los pasaportes para poder viajar a Sudamérica. Ese sitio del mundo se había convertido en el único lugar del planeta donde aún se podía vivir de forma parecida al pasado, al menos, según los relatos de los que habían tenido la suerte de ir allí. Después de las confrontaciones fundamentalistas, de las guerras asiáticas y del holocausto de oriente, el mundo estaba acabado: llevábamos solo diez años sin petróleo y parecía que habíamos retrocedido siglos. Mi oficina, situada en esta pequeña ciudad del sur de Europa, recibía solicitudes de todo el continente.

En mi trabajo, todos los que habían intentado engañarme, sobornarme o convencerme para que torciese mi celo funcionarial en la concesión de los visados habían terminado en la cárcel o en el destierro. Tras la desaparición de los obsoletos estados nacionales, el único elemento común de las personas era el anhelo de supervivencia; aun así, mi seguridad y mi elevada autoestima basada en la inflexibilidad a la hora de tomar decisiones se desplomaron como un frágil castillo de naipes cuando conocí a Sara. Entonces, creí que nuestro primer encuentro había sido casual, aunque más tarde descubriría que no.

Aprovechando mi día libre quincenal, acudí a la única biblioteca pública que quedaba en la ciudad. En estos últimos años, estaba siempre vacía: parecía que la gente había perdido el gusto por la lectura o por el conocimiento. Tal vez muchos pensarían como mi madre: ella, con frecuencia, haciéndome mirar al entorno decadente, me decía: «Mira para lo que ha servido el conocimiento y la ciencia», y antes de que yo pudiera contestarle, cambiaba de tema para evitar una discusión que ella sabía que iniciaríamos y que no nos llevaría a ningún lado.

Los ordenadores de la biblioteca eran ahora muebles decorativos, ya que estaban todos fuera de servicio; por eso, fui por mi cuenta hacia la estantería donde sabía que estaban los libros de Zweig. Buscaba *La tierra del futuro,* que se había publicado en 1941; tenía mucho interés en leerla, ya que describía Brasil como un paraíso por descubrir. En mi mente y ensoñaciones personales ese era el sitio al que, en otra etapa de mi vida, había deseado emigrar. Ese sentimiento era para mí un secreto íntimo e inconfesable: de solo pensar que alguien lo supiese me producía temor, ya que sabía que eso me convertiría en un individuo frágil y corriente, imagen tan alejada de la que yo mostraba entonces a los demás.

Cuando me aproximé al sitio de la librería donde estaban las obras de Stefan, una mujer depositaba allí un libro de este autor, titulado *La piedad peligrosa.* Pasó a mi lado casi rozándome y lo que más me impactó fue percibir su olor limpio. Desde hacía años, debido a la falta extrema de agua, nuestros hábitos higiénicos habían cambiado radicalmente: no existía la ducha ni el baño, apenas nos aseábamos y nuestro cuerpo y ropa habían adquirido un olor desagradable, penetrante y constante que nos había llevado a acostumbrarnos y a convivir con él. Giré mi cabeza disimuladamente y seguí observándola hasta que ella salió de la biblioteca.

Le calculé unos treinta años, casi veinte menos que yo. Alta, hermosa, caminaba con firmeza, pero en silencio; su pelo castaño claro, suelto, limpio, se movía suavemente al compás de sus pasos. Llevaba un pantalón negro y una blusa azulada; mi mirada se dirigió instintivamente hacia sus nalgas: pensé si eso estaría codificado genéticamente, ya que muchas veces había elucubrado al respecto. Sus piernas largas, ágiles, y sus perfectos muslos me hicieron olvidar mi actitud de disimulo inicial. Visualicé unos pechos redondos, firmes, y un rostro que parecía ensimismado, ausente del entorno que le rodeaba, pero con un gesto de paz y serenidad que llegó a sobrecogerme dado el contrapunto con lo que yo sentía en mi vida cotidiana.

Durante las dos semanas siguientes no dejé de pensar en ella y visité a menudo los alrededores de la biblioteca deseando encontrarla, pero no tuve éxito hasta aquel sábado en que fui a devolver *Castellio contra Calvino*. Nos volvimos a encontrar en la estantería de los libros de Zweig. Me miró con unos ojos verdes, dulces, y en su boca se apreciaba una sonrisa encantadora.

—Parece que nos gusta el mismo autor —me dijo; la máscara pétrea e inhumana que yo sentía desde hacía tiempo en mi rostro se derrumbó, desapareció.

—Sí, me gusta mucho; además, mi bisabuelo fue amigo suyo —le contesté con voz entrecortada y nerviosa. Mi seguridad, aplomo y rigidez desaparecieron de forma instantánea.

Cuando salimos de la biblioteca y nos dirigimos al lugar donde habíamos dejado nuestras bicicletas, ya habíamos intercambiado nuestras opiniones sobre las mejores obras de Zweig; seguimos hablando más de una hora en un banco situado a las afueras de la biblioteca donde otrora había existido un jardín. Me volvió a impresionar su aspecto y olor a limpio, y sentí vergüenza de mi cuerpo. Debido a mi coherencia cerril respecto al uso del agua para baño que se imponía en aquellos años, ya casi se me había olvidado lo que era la sensación de frescor y limpieza; y estaba yo allí sentado muy cerca de ella gozando de la proximidad, pero temiendo al mismo tiempo que percibiese el mal olor de mi cuerpo y el de mis ropas.

Desde el primer instante en que conocí a Sara quedé subyugado por su voz, su mirada, su piel y sus movimientos. Mientras charlábamos de Zweig en ese primer encuentro, por momentos yo dejé de oírla y mi mente y mi mirada recorrieron con disimulo cada centímetro visible de su piel bronceada, suave, aterciopelada y joven. Me desplacé por sus pies, sus tobillos, su escote y sus manos, deseando en ese momento más que nada en el mundo poder acariciarla. En ese instante de divagación, pero que para mí era como una ensoñación inalcanzable, de repente se puso de pie y apoyó su mano derecha sobre mi hombro, ya que yo aún permanecía sentado.

—Bueno, espero que pronto nos volvamos a ver y que disfrutes de *Leporella*.

Me incorporé torpemente y, cuando ella se había alejado unos cuantos metros, le dije con timidez:

—Sí, espero que sea pronto. Volveré el sábado —agregué como intentando concretar una cita.

Me saludó con una sonrisa y, levantando su mano, se despidió de mí. La sensación que había dejado su mano al apoyarse en mi hombro persistió en mi cuerpo y en mi mente muchas horas.

Después de aquel encuentro, durante días estuve recordando cada uno de sus gestos, detalles de su cuerpo, su boca, sus labios, su piel y su ropa.

En aquel momento no pasaron por mi cabeza las sospechas que siempre me asaltaban cuando veía a alguien limpio o bien vestido. Con frecuencia, cuando me encontraba con una persona de esas características, consideraba que era sospechosa de incumplir el racionamiento del agua o de delitos peores; pero esa vez solo pensaba en Sara y sentía cómo había vivido una situación fantástica y afortunada que empezaba a cambiar mi vida.

No sabía si ella acudiría el siguiente sábado, pero los días que faltaban hasta entonces me parecieron meses. Para combatir las horas muertas producto del insomnio que me ocasionaban las fantasías derivadas de ese encuentro, decidí volver a los relatos que escribía sobre la vida de Stefan Zweig. Meses atrás había leído en una circular del departamento de cultura la posibilidad de participar en un taller literario para aprender a escribir: aunque era consciente de que mi capacidad narrativa era pésima, pronto me di cuenta de que aquello me entretenía bastante, me permitía conocer obras y ocupaba mi tiempo libre atenuando mi insoportable soledad.

Llevaba más de diez años sin saber nada de mi exmujer y de mi hijo; alguien me contó una vez que habían desaparecido en Israel. El sopor emocional que yo tenía entonces y la falta de cariño acrecentada por la tumultuosa separación hicieron que nunca intentara comprobar si aquello había ocurrido de verdad.

En la quinta noche de insomnio, volví a la escritura.

★★★

En Petrópolis, Lotte tomó la iniciativa para tratar de construir un nuevo hogar en ese cálido Brasil. Mientras ella colocaba algunas fotos que acababa de enmarcar sobre los muebles del salón, Stefan, sentado frente a su mesa con unos folios en blanco, intentaba escribir, pero sin conseguirlo, ya que sus recuerdos lo llevaban a sitios muy lejanos. En aquel momento recordaba las conversaciones que había tenido en Inglaterra con su amigo Freud sobre Hitler y la guerra; él, que siempre había tenido una idea optimista y positiva sobre el ser humano, comenzaba a coincidir con Sigmund. Recordaba que en aquellas charlas, Freud, enfermo desahuciado, pero con una inquietud intelectual insaciable, le había transmitido una visión muy pesimista sobre el comportamiento del *homo sapiens* en las relaciones con sus semejantes. En esos instantes, también se mezclaban de forma anárquica en su cabeza, por un lado, imágenes del entierro de Freud al que había acudido tiempo atrás con otros amigos, pero también, de forma simultánea y sin poderlo evitar, procuraba retener las noticias que en aquel momento leía en los titulares del periódico que estaba sobre su mesa; en estos se destacaban los avances del ejército nazi por toda Europa.

Su mente volaba a través del tiempo pasado y se preguntaba qué sería de su casa de Salzburgo, de sus amigos, de sus pinturas, de sus libros… En aquel momento también se cuestionaba Stefan por qué razón le entristecieron más los avatares que pasaron en Inglaterra para conseguir la nacionalidad británica que la decisión de los nazis de prohibir todas sus obras literarias. Tras una breve meditación, creyó que se debía al rechazo que él sentía por las patrias y nacionalidades. A pesar de ello, las circunstancias de la vida le habían tenido que llevar a aceptar y valerse de esos conceptos para poder sobrevivir en el absurdo mundo en el que le había tocado vivir.

★★★

Dos días antes del posible encuentro con Sara decidí romper con todas mis normas y principios de funcionario incorruptible. Yo mismo falsifiqué los vales de racionamiento de agua y de ese modo conseguí una cuantiosa cuota extra que me permitió bañarme, lavar mi pelo y mis ropas; deseaba ir limpio y lo más presentable posible con el objeto de agradar a esa mujer que comenzaba a ocupar todos mis pensamientos.

La decisión de falsificar los cupos de racionamiento de agua me produjo un cataclismo ético que acentuó mi insomnio dadas las profundas contradicciones en las que me adentraba; todo eso me ocasionó un estado de confusión e inseguridad a la hora de tomar decisiones en mi trabajo cotidiano. A pesar de ello, lograba sobreponerme con solo pensar que volvería a ver a Sara.

Aquella mañana antes de salir hacia la biblioteca, me miré al espejo y parecía otra persona: estaban limpios mi cuerpo y mi ropa, mi pelo parecía hasta diferente en su color y su tersura. Aunque a mis cincuenta años era imposible rejuvenecer con un baño, sí parecía haberse dado en mí un cambio no solo físico sino mental, ya que me sentía distinto y percibía que esa sensación también se la transmitía a los demás. Decidí ir andando y no en bicicleta para evitar sudar y que se estropearan los cambios conseguidos. Mientras me dirigía a la incierta cita con Sara y observaba los centenares de coches abandonados en las calles, recordaba ese pasado no muy lejano en el que los usábamos, quizás en demasía, para desplazarnos a cualquier sitio.

Cuando llegué a la biblioteca, la vi de pie en la puerta de entrada: estaba preciosa, radiante, aún más hermosa de lo que la recordaba. Llevaba una camiseta fucsia y una falda negra que le llegaba hasta las rodillas dejando entrever unas piernas blancas, pero con un ligero tinte color miel. En ese instante, me pregunté cómo lo lograría; entonces se veían muy pocas mujeres con faldas y menos aún con la piel bronceada, ya que esto parecía corresponder a otra época. Se dirigió hacia mí adelantándose unos pasos al verme llegar. Antes de que hablase, creí percibir en sus pupilas un brillo que denotaba alegría de verme; su sonrisa y su voz me envolvieron otra vez, provocando en mí una disminución en la capacidad de respuesta.

—Te estaba esperando para decirte que me tengo que marchar ahora, pero si quieres podemos quedar para otro día.

—¿No te puedes quedar? —pregunté turbado, casi sin saber qué responder— y agregué de inmediato: —Por supuesto, podemos vernos cuando quieras.

Pasó a mi lado y me apretó la mano con dulzura, delicadeza, y con una carga comunicativa que yo quise interpretar que me decía: «Necesito verte». El encuentro fue muy fugaz, pero acordamos una cita para el día siguiente por la noche: yo no lo podía creer; tenía el corazón acelerado, me pulsaban las sienes y me parecía que el prisma con que yo veía mi vida y a mi entorno cambiaba de forma radical y súbita. Al día siguiente, casi no pude trabajar: cometí errores en mis funciones, fui amable con mi secretaria, ventilé mi despacho y me fui a la hora en punto en que terminaba mi jornada laboral; habitualmente, casi todos los días, solía quedarme varias horas más fuera de mi horario oficial realizando tareas o simplemente llenando el vacío y la soledad de mi existencia.

Esa noche, al llegar a la cita con ansiedad y puntualidad, ella ya estaba allí. Al acercarme hacia Sara, me pregunté por qué una mujer bella, joven y enigmática podía perder el tiempo en verse conmigo, viejo y gris. Quise convencerme de que sería por el gusto común que teníamos por la literatura.

Nos sentamos en un bar casi desierto y bebimos el refresco oficial del estado: no había otra cosa para beber, pero no nos importaba. Le conté sobre mi afición por Stefan Zweig y la amistad que había tenido mi bisabuelo con él cuando estuvo en Argentina. Me contó que era una apasionada de la literatura, pero que su profesión era la biología y que trabajaba en los controles de calidad del agua de consumo. Al poco tiempo, ya tenía la sensación de que esa mujer podría ser mi compañera para siempre.

De repente, me tomó de la mano y me invitó a su apartamento. Comenzamos a caminar por calles en penumbras, dados los cortes de electricidad; me cogió del brazo y, apretándose contra mí, me sonrió. Los veinte minutos que tardamos en llegar a su casa fueron para mí de los mejores momentos que pasé en mi vida; pensé si eso sería la felicidad.

Su apartamento era como ella, cálido e interesante; estaba abarrotado de libros y pinturas que habían sido famosas en el siglo XX. Me quitó la chaqueta y me abrazó; iluminados por unas velas, ya que no había luz a esa hora, comenzamos a acariciarnos. Buscó con su boca la mía y mantuvimos un prolongado beso rozando nuestras lenguas con pasión y pegando nuestros cuerpos casi hasta tener la sensación de estar fundidos el uno con el otro. Nos desnudamos entre respiraciones jadeantes y miradas que hablaban más que mil palabras; nos tumbamos sobre una fina alfombra de jarapa que había en el suelo e hicimos el amor con frenesí y también con angustia, como si estuviésemos viviendo un tiempo fuera del presente real que los dos conocíamos. No dejamos ni un centímetro de piel sin besarnos, acariciarnos, lamernos; intercambiamos nuestros fluidos como buscando en esos contactos una unión tan firme que el entorno que nos rodeaba fuese incapaz de separarnos. Nuestros cuerpos desnudos, sudorosos, pegados uno al otro, parecían decir: «Huyamos juntos, salvémonos juntos».

A partir de aquella noche, comenzamos a vernos a diario. Apenas dormíamos, volvíamos exhaustos a nuestros trabajos, pero sentíamos que la felicidad nos alimentaba y nos protegía de esa horrible realidad que nos había tocado vivir. Hablábamos horas y horas de temas que sin saberlo previamente nos habían apasionado a ambos; todos los días hacíamos el amor, nos reíamos en silencio, nos recitábamos poesías y nos acariciábamos sin descanso; además, contraviniendo todas las ordenanzas de la época, nos bañábamos juntos. Nunca hacíamos planes ni hablábamos del futuro hasta que un día le pregunté cómo ella con su juventud y hermosura se había enamorado de mí, más viejo y tan poco agraciado físicamente. No me respondió: se lanzó encima de mí y me besó hasta que nos quedamos dormidos y abrazados tras hacer una vez más el amor con fogosidad y ternura.

Cuando nuestra relación llevaba unos tres meses, comenzamos a hablar de un plan de fuga a Sudamérica. Durante semanas elaboramos y contemplamos todos los detalles del plan: analizábamos los riesgos y los posibles contactos, aunque por supuesto dado mi trabajo, yo me encargaría de falsificar los salvoconductos para conseguir la autorización de poder ir a Brasil. Decidimos dejar de vernos unos días, ya que sospechábamos que podrían estar vigilándonos.

En esas noches de soledad, en mi casi abandonado apartamento y con la intención de llenar el tiempo libre, volví a la escritura relacionada con Zweig.

★★★

Stefan y Lotte fueron bien acogidos en la ciudad de Petrópolis, una nueva ciudad para su exilio. Allí, en poco tiempo, conocieron a varias personas que pronto pasaron a ser sus amigos y con los que compartían tertulias, libros, cenas y también la preocupación por lo que ocurriría en el mundo si la guerra la ganaban los nazis, como parecía entonces.

A mediados de febrero de 1942, Stefan sintió que no podía más: en sus sesenta años de vida había visto al mundo hundirse en las locuras genocidas de las dos grandes guerras que habían destruido Europa; sentía que su mundo, sus amigos, sus obras, sus ciudades, sus teatros y museos, su sensibilidad cosmopolita, creadora y solidaria ya no tenían cabida en el presente que le rodeaba. El desarraigo para él no tenía que ver con el entorno geográfico, sino con la devaluación de los valores que habían sustentado su vida produciéndole un gran impacto en su espíritu y en su cerebro en aquellos calurosos días del verano de Brasil.

Decidió junto a su mujer dejar este mundo y, como había sido siempre ordenado, meticuloso, detallista y respetuoso con los demás, organizó su muerte para el día veintidós. Se vistió con pulcritud, redactó cartas destinadas a las autoridades de la ciudad explicando que su muerte era un suicidio y dejó pagadas pequeñas deudas; ordenó libros sobre la mesa indicando el nombre a quien debían devolverse y, tras administrarse él y su mujer unas altas dosis de barbitúricos, se acostaron en la cama abrazados el uno al otro y se durmieron para siempre. Previamente, había escrito unas líneas explicando su determinación:

Antes de partir de la vida, con pleno conocimiento y lúcido, me urge cumplir con un último deber: agradecer profundamente a este maravilloso país, Brasil, que me ofreció a mí y a mi mujer una estancia tan buena y hospitalaria. Cada día aprendí a amar más este país, y en ninguna parte me hubiera dado más gusto volver a construir mi vida desde el principio, después de que el mundo de mi propia lengua ha desaparecido y Europa, mi patria espiritual, se destruye a sí misma.

Pero después de los sesenta se requieren fuerzas especiales para empezar de nuevo. Y las mías están agotadas después de tantos años de andar sin rumbo. De esta manera, considero lo mejor concluir a tiempo y con integridad una vida cuya mayor alegría fue el trabajo espiritual y cuyo más preciado bien en esta tierra fue la libertad personal.

Saludo a mis amigos. Ojalá puedan ver el amanecer después de esa larga noche. Yo, demasiado impaciente, me les adelanto.

★★★

Al terminar de escribir esta última declaración de Zweig, seguí ensimismado releyendo algunas páginas del libro de Müller de donde había extraído esa cita. Al tomar conciencia del presente que yo vivía, pensé la frustración que sentiría Stefan si supiese que el amanecer del que nos hablaba aún no había llegado.

Aunque habíamos quedado en no vernos en una semana para evitar posibles seguimientos de seguridad interior, no pudimos aguantar y al cuarto día decidimos cambiar de táctica y volvimos a estar juntos. Fue como la primera vez: estuvimos abrazados mucho tiempo. No nos importaba comer ni beber, sino amarnos con pasión y concretar el plan de huida del infierno que nos rodeaba. Acordamos que ella, con la documentación falsa, tomaría el transporte para Sudamérica el viernes y yo lo haría dos días más tarde para evitar cualquier vinculación entre nosotros; nos reencontraríamos después en Brasil, la misma tierra que había albergado a Stefan.

Por fin llegó el día y una vez que me aseguré de que ella pudo embarcarse sin dificultad y abandonar Europa, respiré con tranquilidad. Para mí, ese fue un día de felicidad solo contaminado por la ansiedad que sentía esperando ese domingo en el que yo emprendería el mismo camino para reunirme definitivamente con Sara y poder disfrutar de nuestra felicidad en libertad. Pero ese domingo no llegó: alguien delató mis planes y fui detenido horas antes de embarcarme. Me torturaron, me humillaron y me vejaron: mi única resistencia fue el silencio; solo me derrumbé cuando me aseguraron que había sido Sara quien me denunció. Soy consciente, como ocurre muchas veces en la vida, de que jamás sabré la verdad.

Ahora con una certeza exenta de dudas sé que no pertenezco a este mundo. En las largas horas que paso en mi celda, recuerdo con agrado mi infancia y mi juventud, cuando amaba la paz, la literatura, la música, y soñaba con un hombre nuevo, racional y solidario. Pero también me invade la tristeza cuando tomo conciencia de la persona en que más tarde me convertí al servicio del estado totalitario. Al pasar los meses llegué a la conclusión que ya no merecía la pena vivir: mi mundo también había muerto. Intenté suicidarme, pero fracasé. Ahora estoy preso en un área de aislamiento e intento escribir esta historia que dudo que pueda llegar a algún lector, pero lo hago para sentir que sigo vivo en este nuevo periodo histórico oscuro, retrógrado e insensato que me ha tocado vivir.

A veces también acudo a otro mecanismo de defensa para mí muy eficaz: intento recordar de memoria algunas obras de mi autor admirado Stefan Zweig, sobre todo su autobiografía, *El mundo de ayer*. Al adentrarme en ella, me identifico profundamente con este hombre singular y sufro al reconocer la estupidez humana y constatar la incapacidad de las personas para aprender de los errores pasados que solo conducen a repetir los ciclos de sufrimientos una y otra vez. Solo aspiro a tener otra oportunidad para seguir los pasos de Stefan; espero que sea pronto.

Conmoción

En ocasiones uno cree estar en lo cierto, pero está equivocado. Desde una supuesta certidumbre a la realidad puede mediar un segundo o un fotograma de película como fue mi caso.

Llevaba yo más de un año jubilado y creía que tenía superada la nostalgia de mi trabajo realizado durante cuarenta años. Estaba la otra noche en el cine viendo una película algo intrascendente y en ella se reflejó durante unos minutos la actividad de un médico en su clínica.

Desde mi butaca observé a aquel personaje haciendo su trabajo y se despertó en mi mente un sentimiento inmenso de pérdida al ser consciente de que había algo ya irrecuperable para mí; ya no podría volver a ejercer la medicina en un hospital.

Casi me olvidé de dónde estaba: me quedé conmocionado. Solo mi mujer se dio cuenta de que algo muy importante me había ocurrido en aquella sala.

Un banco en la Gran Vía

Cuando aquel 11 de septiembre del 76 me despedía de mis amigos en el aeropuerto de Tucumán, no sabía entonces que a algunos de ellos no los volvería a ver nunca más; solo dos meses más tarde y después de terribles torturas pasarían a formar parte de las siniestras listas de desaparecidos en Argentina. Pero en esos momentos ellos me despedían emocionados y dudando de si yo, junto a mi mujer y mi pequeña hija, estábamos equivocándonos al dar ese salto al vacío, a lo incierto y a la soledad del exilio en un país desconocido. Aunque nosotros también a veces albergábamos algunas dudas, la situación de terror que nos rodeaba nos hizo tomar la decisión de marcharnos con firmeza; poco tiempo después, la realidad nos demostraría que no nos habíamos equivocado.

Desde Tucumán, fuimos a Buenos Aires y creo recordar que a mis veintiséis años, que era la edad que entonces tenía, nunca había subido a un avión para realizar un viaje de ese tipo. El día anterior a la salida hacia Madrid, estuvimos, gracias a la ayuda económica de mis suegros, en un hotel porteño, céntrico, confortable, limpio y decorado con gusto, propio de aquellos a los que solían acudir las clases medias acomodadas de entonces. Permanecimos todo el día en el hotel, ya que temíamos salir a la calle en esa ciudad sojuzgada por el terrorismo que encarnaba la dictadura de esos años.

La última noche en Argentina dormimos en una habitación placentera donde ilusamente deseábamos sentirnos protegidos y en paz. La habitación tenía una limpieza exquisita, estaba decorada en colores claros y la cama era cómoda y mullida, y sus sábanas, suaves, perfumadas y de un blanco deslumbrante. Nos acurrucamos los tres y mi hija, a pesar de tener solo ocho meses, parecía captar el cambio que se avecinaba. Mi mujer y yo, sin expresarlo y cada uno por su lado, nos preguntábamos una vez más por qué teníamos que marcharnos: éramos conscientes de que nuestra ideología no encajaba con el régimen imperante y que nuestros principios basados en una cosmovisión solidaria, librepensadora y de cambio iban contracorriente con lo que se estaba implantando en todo el cono sur americano; nos preguntábamos si eso eran motivos suficientes para tener que huir de un país abandonando nuestros orígenes, nuestros recuerdos, nuestras familias y partir hacia lo incierto. A pesar de todo, dormimos plácidamente en esa cama acogedora y cálida que invitaba a permanecer en ella, haciendo negación de todo lo que ocurría fuera de esa habitación y de lo que nos esperaba en el futuro inmediato.

A la mañana siguiente y tras el último desayuno opíparo, que posteriormente no se repetiría en muchísimo tiempo, dejamos el hotel y nos sentimos presos de una tristeza inmovilizante, aunque esta pronto fue sustituida por la ansiedad y el estrés que da el miedo. Ese día apenas comenzaba y no sabíamos si podríamos o no salir del país; temíamos que en los últimos instantes ocurriese algo que trastocase nuestros planes y que significase el inicio del horror y el final de nuestras vidas. Como consecuencia del azar, de la suerte y de las intensas gestiones realizadas por mi suegro, conseguimos por fin dejar ese país silenciado por el terror y la vileza.

Doce horas después, aterrizábamos en Madrid: al bajar por la escalerilla del avión y pisar el suelo de España, en mi cabeza bulleron recuerdos, historias y anécdotas vividas por mis abuelos emigrantes cuando a ellos, muchos años antes y por motivos diferentes, les tocó hacer este mismo viaje, pero en sentido opuesto. También en mi cabeza cobraba presencia, y de forma dominante, el miedo a lo desconocido, a la soledad y a la incertidumbre del nuevo presente imbuido de una ignorancia plena de la España real de aquellos años y de lo que allí ocurría entonces. Llevábamos nuestros bolsillos casi vacíos de dinero y éramos conscientes de que no teníamos a nadie a quien recurrir y debíamos, al menos, conseguir mantenernos durante veinte días hasta poder cobrar unas becas de estudiantes que habíamos conseguido por ser descendientes de españoles.

Cargando a nuestra hija en brazos, unos libros pesados de medicina y unas maletas deterioradas, nos dirigimos en autobús desde el aeropuerto hacia plaza Colón. Allí se nos acercó un hombre mal vestido, distante y poco confiable que nos ofertó sus servicios para orientarnos, según nuestras posibilidades económicas, hacia algún hotel de la ciudad; de ese modo, llegamos a uno situado en la calle Barbieri de Madrid. Al llegar al mismo, vimos que la fachada era lamentable, la recepción prácticamente no existía y los escasos clientes que veíamos en los pasillos parecían chulos y prostitutas; pero, para nuestra sorpresa, con lo que nosotros estábamos dispuestos a pagar tampoco podíamos acceder a las habitaciones normales del hotel, sino que nos condujeron a una buhardilla casi aislada del resto del local.

Al quedar ya solos en la habitación y recorrer la misma con nuestras miradas, se nos estrujó el corazón: tomamos conciencia de que en apenas unas cuantas horas nuestro presente y sobre todo el entorno de nuestra hija había sufrido un cambio radical. Esto contribuyó a que en nuestras mentes se instalase y, por mucho tiempo, un sentimiento de labilidad y desprotección. Sin embargo, es cierto también que entonces no podíamos saber que estábamos comenzando a construir una nueva vida más cimentada en la seguridad, la libertad y el progreso, dejando atrás, afortunadamente, la locura y el fanatismo reaccionario que imperaba en nuestro país de origen. Nos mantuvimos un largo rato de pie en el centro de la habitación: esta olía a humedad, tenía las paredes revestidas de un papel horrible y descascarado, no había ducha y el retrete producía náuseas al acercarte a él. Mi mujer abrazó a nuestra hija y dijo:

—Ella no dormirá sobre esas sábanas. —Eran amarillentas, viejas, sucias y la almohada, casi inexistente.

Revisamos con ansiedad si en los huecos que divisábamos en las esquinas o tras los rodapiés se escondían otros compañeros de cuarto. Sacamos las toallas que llevábamos en las maletas y algunas camisas, y la extendimos sobre la cama para poder acostar a nuestra hija Carina: ella, con sus ocho meses, nos sonreía y nos pedía un biberón. En el hotel no nos podían suministrar agua caliente, por lo que me dirigí a un bar aledaño y me llenaron dos biberones con el agua de la máquina de hacer café. Volví contento, ya que de ese modo podríamos darle algo de comer a nuestra hija y pasar así la primera noche en nuestro nuevo destino. Cuando Carina se durmió cobijada entre las toallas, nosotros nos miramos y nos sentamos en silencio al borde de la cama: el asco y la repugnancia que nos producía el sitio en el que estábamos y la colosal incertidumbre del futuro inmediato no nos impidió maldormir aquella noche.

Al día siguiente, deambulamos los tres por Madrid buscando algo mejor para poder alojarnos mientras nos íbamos adentrando en la nueva realidad que teníamos por delante. Para estar el menor tiempo posible en el hotel, usábamos para charlar, comer, dar los bibes a nuestra hija o cambiarle los pañales, que entonces no eran desechables, un banco que aún sigue situado en una acera de la Gran Vía, muy cercano a la entrada del metro de Callao; este banco era como nuestro hogar en aquellos días.

Transcurrido un tiempo, conseguimos una pensión a la que nos trasladamos y desde donde comenzamos a luchar para sobrevivir con dignidad, aunque con incertidumbre; eso sí, siempre estuvimos dispuestos, dado que no había otro camino, a intentar integrarnos y terminar siendo parte de este nuevo mundo que habíamos elegido y que nos acogería después tan solidariamente. El empuje y la decisión para sortear muchas de las adversidades sufridas entonces provenían de la fuerza que sacábamos del cariño que teníamos hacia nuestra hija Carina: ella, aunque de aspecto triste y frágil para los ojos de los extraños, era para nosotros el tónico de la vida. Sus hermosos ojos marrones, su mirada tierna y su dulce sonrisa nos daban la fortaleza y el optimismo necesario para sentir que todos los problemas que se nos iban presentando se podrían superar.

Hoy, cuando recuerdo aquellos días, saltan a mi mente como estampas representativas de esos momentos las camas de los dos hoteles en los que estuvimos al dejar el país de mi infancia y el del nuevo mundo que nos acogió. La tierra de mis abuelos significó al comienzo carencias, necesidades, pobreza y desasosiego, pero también fue la libertad, la esperanza y la desaparición del terror. El caminar por las calles, el coger un autobús o volver a casa se hicieron hechos normales y no situaciones impregnadas de desconfianza, ansiedad y miedo, que eran los sentimientos cotidianos en esa Argentina enmudecida y triste. Muchos años después y en repetidas ocasiones, aun viviendo ya lejos de Madrid, he pasado frente al banco de la Gran Vía, que todavía permanece en el mismo sitio. Aunque no soy fetichista, me detengo siempre allí y acaricio sus maderas negruzcas por el hollín y la contaminación; cuando lo hago, siento que me invaden unos recuerdos que invariablemente me conmocionan hasta hacerme llorar.

Colores

Según recuerdo, tenía yo cuatro años cuando me llevaron por primera vez a una peluquería: mi madre y mi padre luchaban conmigo para mantenerme quieto en aquella elevada silla mientras el peluquero se abalanzaba sobre mi cabeza armado de peine y tijeras. Cuando vi caer mi pelo negro sobre la blanca capa de corte, dejé de resistirme, me distraje e incluso quedé fascinado; el contraste de la nívea capa con mi pelo oscuro disparó mi imaginación, que entonces era grande.

Ayer, muchas décadas después de aquello, estaba en otro sillón de peluquería y recordé esa vivencia: la capa de corte que ahora cubría mis hombros era negra. Con cada trozo de pelo cano que veía caer, se emblanquecía el paño y en ese instante sentía que se dispersaban y desaparecían innumerables recuerdos de un tiempo que se agotaba y que más tarde serían barridos del suelo de la peluquería.

Mi abuelo y los sentimientos

Siempre aprendo cosas de mi abuelo Jorge; cada día lo veo más sabio, pero también más escéptico. Ahora está triste porque va a cumplir ochenta y cinco años y en el balance de su vida no cree haber hecho nada de peso por los demás: dice que en el transcurso de su existencia ha intentado no hacer daño a las personas, pero ni siquiera eso ha conseguido totalmente.

Para interrumpirle esa tendencia autocrítica, el otro día charlando con él en su ático le pregunté sobre la perfección y el amor. Se le iluminaron los ojos como le ocurría siempre que le pedía una opinión y se rió de la pregunta. Me dijo que la búsqueda o percepción de lo perfecto es solo una sensación subjetiva mediatizada por nuestros valores culturales y un estado de ánimo mediado por neurotransmisores: estos nos hacen sentir que estamos muy cerca de tener o apreciar las máximas cualidades que se atribuyen en ocasiones a personas, creencias u objetos. Según él, estas sensaciones llevan aparejadas la incapacidad de poder ver la imperfección y siempre tienen un tiempo perecedero. Hizo una pausa y continuó diciéndome:

—En las vivencias emocionales de las personas muchas veces creemos alcanzar estados perfectos que nos hacen sentir que rozamos la felicidad.

Me puso por ejemplo el enamoramiento apasionado y lo describió como una alteración cerebral transitoria, quizás necesaria para la evolución de la especie. Me relató con detalles las sensaciones sublimes que sintió al conocer a mi abuela o también el sentimiento de plenitud y gozo al coger en brazos, tras el parto, a su único hijo: ambas situaciones, para él, perfectas en lo que se refiere a las relaciones con esas personas.

Mientras hablaba, observé que se le humedecían los ojos. Fue en ese momento que sentimos un fuerte portazo en la entrada del ático y vimos a mi abuela avanzar hacia nosotros muy *malgestada*.

—¡Coño, Jorge! Ya es hora que apagues la luz y te duermas. Ha llamado nuestro hijo y ha dicho que tampoco podrá venir este año a vernos. —Luego, sin siquiera mirarnos, se marchó: ellos convivían en la misma casa, pero estaban separados.

Me despedí de mi abuelo; cerré la puerta y tras ella solo quedó la soledad, el silencio y la incomunicación. Me alejé reflexionando sobre la conversación mantenida: me noté más pesimista en relación a la perfección y su perdurabilidad. Por mi juventud, mis pensamientos se dirigieron al amor y me causó angustia el solo pensar en las fuerzas del desamor, donde con frecuencia se sustituyen los sentimientos eróticos por los tanáticos en el alma de los seres humanos; recordé los hechos de violencia de género y las rencillas y agresiones en los divorcios. Después de meditar un rato, traté de consolarme pensando en María, mi pareja, e intenté animarme creyendo que a nosotros nada de eso nos pasaría.

Unos días más tarde, volví a ver a mi abuelo y le conté mis reflexiones sobre la conversación que habíamos tenido. No me respondió: solo me miró esbozando una sonrisa forzada y permaneció en silencio.

Encuentro

Se vieron y se sonrieron. Se reencontraron en silencio, sin ruidos;

se acercaron el uno al otro con lentitud, irradiando luz.

El tiempo se detuvo: estaban solos en la multitud;

no hablaron: se abrazaron con dulzura formando un solo cuerpo;

se besaron:

besos suaves, pero imantados, sin tiempo; exploraron sus labios,

sus cuellos, su piel…

Noté que se elevaban en el espacio, pero ellos no.

Los miré embelesado y recordé, recordé, recordé…,

nostalgia de momentos también así vividos, efímeros e infinitos a la vez.

Cogí la mano de mi mujer: la apreté y sentí su calor y compañía;

gracias memoria por socorrerme.

Luego, seguí mi camino en aquella mañana otoñal en la bella Barcelona,

pero algo había cambiado en mí.

Un adiós anticipado

Mi hijo pequeño va a cumplir cuatro años y está en la etapa de los porqués: todo lo pregunta y ante las respuestas le surgen otros porqués. El otro día al oírme hablar de trombosis me inquirió sobre qué era eso: le expliqué lo del coágulo de sangre que obstruye una arteria y que una arteria es como una tubería que riega una zona rica e importante que sin sangre se moriría. Esto me llevó al tema de la muerte y, ante las dificultades de transmitirle lo que era, tuve que cambiar a otro tema.

Más tarde, esa anécdota tan corriente con mi hijo me hizo reflexionar sobre como pequeños cambios pueden producir una cascada tan tremenda de acontecimientos en la vida de las personas. Recordé cómo me sentí cuando mi madre tuvo su trombosis cerebral; como médico sé que estas lesiones se producen gestándose a lo largo de mucho tiempo, pero también sé que es en un periodo muy corto, quizás segundos o minutos, cuando viene la hecatombe definitiva. Se tapa una arteria y pueden morir nuestros recuerdos, nuestros conocimientos, nuestra expresión, nuestra creatividad, nuestra independencia…; dejamos de ser una persona para ser otra.

La noche anterior a la enfermedad de mi madre habíamos hablado: lo hicimos por teléfono dado que, por circunstancias complejas de la vida, vivíamos a más de diez mil kilómetros el uno del otro. Como siempre, sentí su cálida voz, su mesura, sus consejos, su afecto y su inteligencia: ella era muy intuitiva, detectaba con extraordinario acierto las personalidades de los demás y con frecuencia me advertía sutilmente, desde su punto de vista, sobre quienes podían hacerme daño. Era pesimista y desconfiada en general, excepto con los suyos; fiel con sus seres queridos, fuesen estos sus hijos, nietos o su propio esposo.

Los rasgos de la desconfianza o del pesimismo de su personalidad pienso que se lo transmitieron sus padres. Recuerdo que estos eran comunes a muchos inmigrantes que conocí de pequeño: o bien no se habían adaptado totalmente al nuevo país al que habían emigrado, o bien no habían visto cumplidas las expectativas que se plantearon cuando tomaron la difícil decisión de abandonar su tierra de origen; todo esto les imprimía en el carácter esas peculiaridades. Por ser mujer nacida en las primeras décadas del siglo XX, hija de emigrantes españoles pobres, no tuvo estudios, pero desbordaba sensibilidad e inteligencia. Siempre estaba cuando la necesitabas: cuando era niño y estaba cansado por la noche, me encantaba dormirme en sus brazos, alargar la despedida nocturna pidiéndole un vaso de leche o convencerla para que me hiciera algunas de mis comidas preferidas; todo me lo concedía. Era tan grato percibir siempre su afecto y cariño a través de su mirada, gestos o caricias no grandilocuentes… No se reía mucho, pero cuando lo hacía tenía una risa fuerte, estruendosa y contagiosa. Su vida transcurrió con estrecheces económicas e inseguridad en el futuro, pero siempre estaba brindándose a los suyos. En mi memoria y a través de fotos tengo presente su belleza, propia de la mujer de los años cuarenta, y ahora a finales del siglo XX el tiempo ha actuado y ha sido implacable. Anciana y con muchas enfermedades, pero, como era habitual en ella, su mente estaba preocupada por sus hijos, por sus nietos y quizás también por la proximidad de su propia muerte.

Aquella noche, como lo hacíamos siempre, hablamos: nos preguntamos por el resto de la familia, intercambiamos ideas y deseos, y, como suele ocurrir con los diálogos telefónicos internacionales, nos despedimos rápidamente quedando para hablar en los próximos días. Pero no hubo próximo día: un pequeño coágulo en una arteria cerebral nos lo impidió para siempre. A partir de entonces, cuando yo llamaba a Argentina, le acercaban el teléfono al oído de mi madre; yo hablaba, la saludaba, a veces no sabía qué decirle, cómo animarla, qué contarle dado que no había respuesta alguna. Ella no hablaba, no contestaba y no podía saber si me entendía, aunque por monosílabos que en ocasiones expresaba deseaba creer que sí. En realidad, se había interrumpido el diálogo y la comunicación para siempre.

La volví a ver dos años después. La encontré muy envejecida: estaba en una cama de la que no podía salir y que ya nunca más abandonó. Sus hermosos ojos habían perdido parte de su expresividad, su piel estaba ajada y seca, y las manchas de la vejez le salpicaban su cuerpo. Le hablaba y parecía, o yo quería que así fuese, que me comprendía; nunca más escuché su voz. Estaba ahora otra vez, postrada por unos coágulos en las arterias de sus piernas y por su diabetes, a las puertas de la muerte.

La noche en que me despedí de ella nos quedamos los dos a solas en la habitación sórdida y pobre de ese sanatorio propio de un país decadente y en crisis. Ella estaba semidormida y yo sentado a su lado: la observaba y percibía en mi corazón y en mi cerebro con gran nitidez la visión del final de su vida. Pensé en ella: ¿cómo había sido de niña? ¿Qué pensaba ella entonces?

¿Qué deseaba? ¿Qué proyectos había tenido? ¿Fue feliz? Su juventud; su matrimonio, la relación con nosotros, sus hijos…, ¿qué sentiría respecto a todo eso? ¿Se habían acercado algo sus deseos a la realidad que tuvo que vivir? Yo estaba seguro de que nunca más nos veríamos: unos minutos después la llevarían a quirófano y yo saldría hacia España en un largo viaje, que en cierto modo también era una huida provocada por el dolor y la impotencia.

Aquella noche junto a su cama del hospital pronuncié varias veces en voz alta y dirigiéndome a ella la palabra *mamá*. Yo sabía que nunca más lo haría: jamás podría dirigirme a alguien diciendo «¡mamá!». No obtuve respuesta. Acaricié su brazo desgastado por el tiempo y la besé despidiéndome para siempre; se me estrujó el corazón. Había nacido yo de ese cuerpo hacía cincuenta años y ahora nos decíamos un adiós anticipado, pero definitivo.

Dos meses más tarde, falleció en la misma cama que me trajo al mundo. Sus últimos meses de vida fueron horribles y quizás por eso, según me dijeron, al morir su rostro recuperó la belleza, la luminosidad, la serenidad y esa sonrisa que siempre nos regaló en vida. Aunque no puedo, me encantaría creer en el más allá y así poder pensar que algún día podría estar con ella otra vez y compartir, junto a toda mi familia, una vida más justa, tranquila y feliz que la que a ella le tocó vivir.

Hasta siempre, mamá. Te extraño mucho.

El inesperado arte

En aquella conferencia, que era su última intervención en el seminario de la universidad y que trataba sobre la hipervaloración del arte contemporáneo, Pedro se encontraba diferente, inseguro y extraño. Miró la sala abarrotada de público y comenzó a leer un párrafo que había extraído unos días antes de un periódico:

—¡Qué escisión, qué arrancamiento, puede en muchas ocasiones significar la migración para las personas! «"Ir y quedarse, y con quedar partirse", dice el soneto tremendo de Lope de Vega… El que se fue y ha vuelto, o el que se fue y ya no vuelve, el que piensa en volver y no sabe si ya se le ha hecho tarde, comparten una escisión parecida». —Así leía Pedro un artículo reciente del escritor español Muñoz Molina que hablaba de la migración.

De esos párrafos lo que más lo perturbaba era aquel en el que decía: «el que piensa volver y no sabe si ya se le ha hecho tarde»; así había transcurrido su vida de inmigrante. Muchas veces se sentía rechazado en el país que vivía desde hacía más de cuarenta años, pero también cuando visitaba su tierra de origen y comprendía que ya no pertenecía a ella.

—Basta con conocer los aportes de la ciencia —continuó Pedro—, y de la historia para saber que todos provenimos de migrantes, pero a veces eso no basta si ese conocimiento no está aderezado de sentimientos y empatía hacia las otras personas...

Tras una pausa, volvió a dirigir el tema hacia los aspectos de la vida de inmigrante de Mark Rothko y de la infancia en Letonia de este pintor al que él atribuía su éxito solo como producto de las modas y de la propaganda. Repitió una pausa aún más prolongada y, cuando iba a continuar con su conferencia, se llevó una mano a la cabeza, tuvo unos movimientos incoordinados, se tambaleó y cayó hacia atrás antes de que pudiera ser ayudado por los asistentes del curso. En aquel momento, él no se pudo imaginar lo que acababa de cambiar su vida al sobrevenirle aquella hemorragia cerebral.

Días más tarde, volvió a conectarse con una realidad que no le recordaba a la suya: estaba en una unidad de cuidados intensivos rodeado de personas, algunos sanitarios y otros no, pero él no reconocía a ninguno de los que ahora lo visitaban y le hablaban con gestos de cercanía y afecto. En ese despertar, se encontró en una sala en la que, separada por unos finos tabiques, había unas cuatro camas. La estancia estaba iluminada por luz artificial y se oía de forma continua unos ruidos suaves que provenían de los aparatos que había en aquella sala.

Reiteradamente, Pedro intentaba recordar cómo había llegado allí, pero no lo conseguía; desconocía el día y hora en que estaba. Más tarde, le dijeron que había tenido una hemorragia con lesión cerebral y que, tras varios días de estado crítico y en coma, había conseguido superar el trance. Ya entonces era consciente de que no podía moverse, sobre todo una parte de su cuerpo estaba totalmente paralizada: entendía con dificultad lo que se le decía y lo peor era que no podía comunicarse con los demás. Le visitaban personas que decían ser sus familiares y amigos, aunque él no los reconocía.

Pasaron los días y Pedro había perdido totalmente la dimensión del tiempo y del sitio en que se encontraba: transcurría y solo percibía mínimos progresos en su estado físico y mental. Fue por entonces cuándo comenzó a tener interés por saber quién era aquel joven que se quedaba con él durante tantas horas al día. La luz artificial continua de la sala daba la sensación de que el día y la noche eran periodos idénticos; el tedio y el aburrimiento le comenzaron a crispar el carácter, lo que le llevó a sentirse aún más solo y aislado. Por esta razón, en una de las visitas de aquel joven, que era su hijo, aunque él no lo reconocía, se atrevió a pedirle, de manera apenas inteligible, que le trajese algo para leer y si era posible preferiblemente de arte abstracto. Este pedido sorprendió a todos los que lo conocían, ya que nunca antes había mostrado interés por esa forma de arte y más aún que esa fuese la primera forma de comunicación.

Desde ese momento, su estancia en el hospital cambió: permanecía todas las horas del día en las que estaba despierto leyendo sobre arte contemporáneo y en concreto sobre la evolución del expresionismo abstracto; al parecer, le atraían más los matices y significados de los colores de esta corriente pictórica. Casi no podía hablar o sus gestos eran tan rudimentarios que solo su hijo lo comprendía: se comunicaba para pedir más libros e información de esa parcela del arte que ahora lo tenía vinculado al mundo real y quizás a la cordura necesaria para sobreponerse a la situación en la que se encontraba.

Unas semanas después y estando ya inmerso en los ejercicios de rehabilitación, pidió a una enfermera que lo atendía que le comprase lienzos y pinturas de diferentes colores, además de los utensilios básicos que emplea un pintor. Le costó expresarse y hacer el pedido, pero lo hizo señalando todos esos objetos entre las múltiples revistas y libros de arte que ahora llenaban la mesita auxiliar de su habitación.

Durante las siguientes semanas que duró su hospitalización y a pesar de que solo movía una mano, casi no se mantenía en pie y tenía una visión doble y borrosa, pintaba de manera continua en el tiempo libre que le dejaba su dura y laboriosa rehabilitación. Desplegó, desoyendo las objeciones del personal sanitario, un enorme lienzo en una de las paredes; pintaba sin descanso y corrigiendo a menudo lo que había hecho el día anterior. El único que lo animaba a continuar era su hijo, que lo visitaba a diario y permanecía horas en silencio, pero brindándole su compañía; los amigos y demás familiares poco a poco dejaron de visitarlo. Su hijo, sin embargo, que hasta la enfermedad de su padre había tenido con él una opinión muy discrepante sobre el expresionismo abstracto, pensó cómo de manera innata el ser humano siente atracción o rechazo por unas formas, colores u objetos a los que dota de significado. Le solía decir antes a su padre que este arte puede no significar cosas reconocibles y en general no cuenta historias, sino que evoca sensaciones o presenta otras maneras de ver y sentir el mundo; por entonces, cuando hablaban de ese tema, solían terminar en discusiones acaloradas y con cierta distancia y rencor. Su padre era un admirador del arte clásico y no comprendía las nuevas expresiones del artista contemporáneo, por eso ahora le extrañaba, pero disfrutaba del cambio.

Pedro pintó en el lienzo una imagen más o menos oval de color azulado, no uniforme, con partes simétricas, pero que en una de las mitades resaltaba un área hiperdensa de color blanco ceniza de bordes poco definidos; los límites se perdían en los márgenes del lienzo degradando progresivamente el color como produciendo veladuras. Todos le preguntaban qué significado tenía esa pintura: miraba a quienes le interrogaban, pero solo respondía con el silencio desde un rostro hierático, pero sufriente.

Previo a su alta y sin haber alcanzado una adecuada recuperación, se le practicó un control con una prueba de imagen de un nuevo tipo de tomografía computarizada. Cuando al día siguiente el médico llevó esas pruebas a la habitación para comentarla con el enfermo y sus familiares, se quedó perplejo, atónito y tremendamente sorprendido al observar la pintura que ocupaba toda la pared de la habitación. La imagen de la tomografía era exactamente igual a la que en ese momento veía en la pared. Para el médico, aquello no tenía explicación y solo podía ser fruto de la casualidad; para los demás, que comenzaron a visitar a diario la habitación, esa pintura era solo un *mamarracho* de colores que cualquier niño o un demente podría hacer. Pero su hijo estaba encantado y al mismo tiempo sorprendido del vuelco de su padre y de las cualidades hasta ese momento ocultas de la expresión pictórica que demostraba.

Pasaron los años y Pedro mantuvo como única forma de comunicación con el mundo sus pinturas abstractas, multicolores y de inmenso tamaño; por lo demás, nunca consiguió recuperarse de sus secuelas neurológicas. Sus obras recibieron premios y el reconocimiento de sus contemporáneos, aunque aquel lienzo pintado en su habitación de hospital terminó en el vertedero de residuos del centro *nosocomial*.

Sin gafas

Me he quitado las gafas y veo todo difuminado, impreciso. Distingo con dificultad en el suelo del salón a mis dos hijos pequeños: juegan, ríen, se quejan. En ese momento, brotan de mi cerebro imágenes parecidas, pero de mis otros dos hijos mayores cuando eran niños jugando del mismo modo. Esta aparición mental tiene la cercanía de la realidad: memoria y desmemoria en una lucha continua, pero con el éxito asegurado para el olvido. Pienso en ello mientras me miro en el espejo y vislumbro en él con sorpresa a mí mismo, pero niño, joven, vital. En ese momento, el tiempo parece desvanecerse derrotado.

Alguien me llama, me coloco las gafas y regresa la realidad. Me vuelvo a mirar en el espejo y estoy ahí, pero no soy yo. No quiero ser yo. Finalmente, el tiempo ha prevalecido o será solo que no debo quitarme los anteojos.

Pilar ya no volverá

La madrugada de ese jueves Pilar tuvo insomnio. Era su noche de libranza, pero no pudo dormir: le esperaba un día importante. Tenía treinta años y había tenido una vida difícil: era madre soltera y vivía con su hija de cuatro años; cuando trabajaba, la niña solía quedarse con su abuela. Ahora, después de aguantar un trabajo duro y mal retribuido, tenía por fin una oportunidad de mejorar: debía ir a una entrevista a la mañana siguiente para intentar ascender a jefa de las limpiadoras de su empresa. Hasta ahora, su trabajo consistía en limpiar oficinas durante la noche y allí tenía contacto con un ambiente de lujos, con despachos y muebles de estilo y con una decoración que ella soñaba para su humilde apartamento en Alcalá de Henares. Sus horas fregando y aspirando eran de soledad, pero ella las aprovechaba para pensar y reflexionar.

Por fin había llegado el día en el que veía posibilidades de mejorar en su trabajo. A pesar de la mala noche pasada, se levantó con decisión y muchos ánimos; se miró al espejo y se vio fea, envejecida y con unos kilos de más; sus manos ásperas y sin cuidados. Pensó qué bonita se sentía ella hace solo unos años y en voz baja dijo:

—Así es la vida, pero hay que seguir adelante. —Era una frase que se repetía siempre que tenía adversidades y se preguntó si la habría aprendido de su madre.

Pensó que no tenía ropa adecuada para una entrevista tan especial y eso hizo que tuviera que probarse distintas prendas hasta que al fin eligió la que consideró más adecuada.

Aquella mañana, despertó pronto a su hija Alba y, medio somnolienta, la llevó en brazos al piso de su madre, que estaba a unos metros de su casa. La niña, al ver a su abuela, sonrió y se acurrucó en sus brazos; con frecuencia pasaba Alba más horas con su abuela que con su madre, tanto que a menudo no la llamaba a ella mamá, sino Pilar. Sin saber por qué, esa mañana se despidió de ellas de un modo especial: las abrazó a ambas y le dio a su hija un fuerte y prolongado beso. Cuando caminaba hacia la estación, se preguntó así misma por qué lo había hecho de ese modo; creyó que se debía a los nervios de la entrevista que la aguardaba y que así también les pedía, a su manera, que le desearan suerte. Ni ella ni su madre eran muy expresivas en sus afectos: ella lo atribuía a la dura vida que habían tenido siempre. Pilar tenía pocos estudios, pero era muy inteligente y observadora.

Se sentó en el asiento del tren y contempló a los que viajaban con ella. Veía caras cansadas y tristes, pero también otras que transmitían optimismo y en sus ojos se leían las ganas de comerse el mundo. Su mirada también se encontró con un rostro feliz como era el de aquella embarazada que, mientras leía una revista, se acariciaba la barriga gestante; le gustaba el contraste que ofrecían los jóvenes que se dirigían al instituto, bulliciosos, contentos, agresivos en sus modales, pero contagiosos en su alegría. También le llamaron la atención dos individuos con ropas deportivas y con mochilas que con cortesía, pero con gran ansiedad atravesaron el vagón casi empujando a los demás y descendieron en la estación antes de que arrancase el tren.

La media hora que duró el viaje hasta Madrid le sirvió para imaginarse que todo le saldría bien: conseguiría su ascenso y esa misma mañana compraría en una tienda un precioso vestido que desde hacía tiempo deseaba para Alba. Mientras miraba por la ventanilla del tren, tenía la vista perdida en la lejanía, pero sonreía imaginando la alegría de su hija cuando viese el vestido del que le había hablado tantas veces.

Eran las siete y treinta y nueve minutos de ese jueves fatídico de marzo cuando giró la cabeza hacia el pasillo del tren y quizás percibió en milésimas de segundos que dejaba de existir. Sus ojos saltaron de sus órbitas, sus brazos despedazados tras una deflagración infernal se separaron de su cuerpo fundiéndose en un amasijo de hierro y cristales impregnados por su sangre. Al dolor, siguió la nada: no supo que lo que ella sintió lo compartió con decenas de compañeros de viaje; no llegó a entender y ni siquiera a preguntarse el porqué de ese final.

Tampoco pudo saber ya Pilar que en ese mismo momento dos personas se dirigían a su guarida, nerviosos, pero emocionados, por haberse convertidos en héroes de una banda intolerante, fundamentalista y terrorista para quienes el dolor, la muerte y el miedo son acciones cotidianas en la defensa de sus absurdas reivindicaciones; esos jóvenes perversos, sin siquiera hablar entre ellos, buscaban afanosamente en la radio del coche en el que circulaban información al respecto del resultado de sus actos. Cuando oyeron las primeras noticias, el mayor de ellos, de silueta atlética, bien vestido y con un gesto que transmitía firmeza, sonrió y sintió que había servido, a pesar de la extrema crueldad de la acción, a los fines de su organización: años llevaba atesorando en su mente el odio hacia los que él consideraba sus enemigos y ahora había cumplido con su militancia criminal. Como siempre, al igual que en todas las confrontaciones de los poderosos y de los fanáticos, eran los pobres, los indefensos y los inocentes los que pagaban el tributo del dolor y de la devastación. El otro genocida, que era el más inexpresivo de los dos, tenía un tic en el rostro que demonizaba su semblante. Cuando llegaron a su apartamento, abrieron la puerta con prontitud y encendieron el televisor: estuvieron frente a este observando minuciosamente los resultados de su obra. Ante sus ojos, se repetían las escenas apocalípticas de muerte, destrucción, miedo y terror que ellos, junto a otros cómplices, habían conseguido provocar aquel once de marzo en Madrid.

A pocos kilómetros de allí, la madre de Pilar ya conocía la noticia de lo ocurrido; llamó al móvil de su hija y no obtuvo respuesta. Sintió un escalofrío que le paralizó el cuerpo, presintiendo en ese mutismo la confirmación de lo que había pasado. Como madre, no necesitaba muchas constataciones: intuía que su hija había muerto. Cuando poco después confirmaron sus presagios, se quedó petrificada mirando a su nieta, que comenzaba a desperezarse en el sofá. Se acercó a ella, la abrazó fuerte; lloró en silencio y le dijo tras una pausa:

—Pilar ya no volverá.

En ese mismo momento, los crueles y sádicos personajes se encontraban frente a algo desconocido: vieron salir inexplicablemente a través de la pantalla del televisor a cerca de doscientas figuras fantasmagóricas que en silencio los rodearon poco a poco. Estas figuras estaban sosegadas, pero tremendamente tristes y solo lloraban y lloraban; lo hacían por dejar la vida, por sus cuerpos destrozados, por alejarse de sus seres queridos y por un sentimiento de rechazo a la injusticia que les transfiguraban los rostros. Los cobardes asesinos, temblando despavoridos, empezaron a ahogarse con el enorme torrente de lágrimas que inundó la habitación hasta que minutos más tarde habían perecido.

Alba se puso de pie, se apretujó contra su abuela y le preguntó:

—¿Por qué no volverá mamá?
—No lo sé, hija; —Su abuela tenía la voz entrecortada por el llanto—; sinceramente, no lo sé. —Las dos se abrazaron en la soledad de ese humilde piso madrileño.

Carmen y Alba, tomadas de la mano, se mantuvieron calladas. La abuela, que ya tenía sesenta años, se preguntó por primera vez qué era eso del terrorismo, por qué existía, quién lo alimentaba, por qué esos desalmados atentaron en Madrid y por qué tendría ella que enterrar a su hija descuartizada en el cementerio de Alcalá; pero aún estaba muy confusa y conmovida para poder encontrar respuestas a sus preguntas. Siguió inmóvil y en silencio. Su nieta, sentada a su lado, le apretaba la mano mientras miraba absorta un retrato de su madre en la mesita del salón.

Reunión

«Un laberinto es una casa labrada para confundir a los hombres»; Borges me trasladó a uno de sus laberintos, del que salí agotado, pero más lúcido. Al día siguiente, me marché con Rosa a observar ese Madrid del siglo XXII constatando lo poco que cambiamos. Tras un respiro, Ian me hizo consciente en *Solar* de nuestras debilidades y contradicciones; entonces, me tomé un pequeño descanso hasta que abrí *Purga* y sentí como la maldad y los contextos sociales pueden destruir a las personas: me lo dijo Sofi en voz baja, pegada a mi oído. Pensé entonces que los laberintos a veces son también de sentimientos y sensaciones.

En aquella tumbona de playa, me reuní con Borges, Rosa Montero, Ian McEwan y Sofi Oksanen. «¡Qué verano más agradable y enriquecedor!», le comenté a Follett. Este, sin contestarme, puso en mis manos *La caída de los gigantes*.

Usurpadores

Mi abuelo Jorge ha cumplido ahora noventa y dos años; hasta hace poco tiempo se había mantenido muy lúcido, ágil e independiente. Siempre había sido un contertulio ideal y manifestaba interés por todo, pero ahora cuando lo veo inmóvil, enmudecido y hundido en su sillón mirando al vacío me entra una gran tristeza que me hace reflexionar sobre el paso del tiempo y los límites biológicos de los seres humanos. Observo su cabeza y me imagino todas las historias que contiene su memoria y que durante años nos ha contado: sus experiencias, sus frustraciones, sus amores y desamores, sus logros, derrotas y opiniones para casi todo en la vida; esto último irritaba mucho a mi abuela. Cuando ella vivía, le interrumpía a menudo sus disertaciones diciéndole en voz baja: «Ya está, Jorge, ya está».

Su vida fue como un espejo del siglo pasado: abrazó todas las ideas de progreso, incluso las equivocadas, y fueron motor en su vida. Los años de cárcel y penurias después de la guerra no le hicieron cambiar en su forma de ver la historia, la sociedad y a las personas.

En este último año, se produjo como un apagón en su cerebro: no habla, no ríe, no interviene en nada; se mueve con mucha dificultad y solo responde con monosílabos a las preguntas que le hacemos. Da la sensación de no tener interés por nada ni por nadie. Sus horas transcurren con la mirada perdida a través de la ventana o frente al televisor que antes detestaba; pero hoy, mientras lo estaba observando, tuvo una reacción inesperada por mí que me dejó sorprendido y desconcertado. En la pantalla del televisor que él estaba mirando se veían en ese instante las noticias del telediario de la noche y en ellas aparecían unos dirigentes políticos que los periodistas llaman de la izquierda radical *abertzale*: estos estaban saludando con el puño en alto, símbolo de la izquierda que mi abuelo nos había enseñado desde pequeños. Fue en ese momento cuando quedé estupefacto ante la respuesta que tuvo él ante esas imágenes: se puso de pie con gran agilidad y gritó enfurecido a la pantalla.

—¡Usurpadores, usurpadores, fascistas radicales es lo que sois! ¡No sabéis vosotros lo que es la izquierda! ¡Fascistas!

De repente, me miró y se volvió a sentar en su sillón sumergiéndose en el mutismo que tenía desde hacía meses. Mi hermana, que vive con él, se acercó a mí y me dijo que esto lo hacía siempre y es a lo único que respondía. Nos quedamos los dos en silencio mirándolo y recordando tantas historias que nuestro abuelo nos había contado llenando las horas de nuestra infancia y juventud.

Esa noche cuando llegué a casa, seguí pensando en él y me preguntaba sobre los procesos que deterioran nuestro cerebro. Solo me consolaba tener la sensación de que ese día, aunque fuese solo por unos minutos, había recuperado a mi abuelo de siempre, al abuelo de mis recuerdos.

Las *moritas* y Angelina

Angelina era hasta hace unos meses una mujer segura en sus convicciones, inflexible y, tras un carácter dicharachero, ocultaba una dureza temperamental quizás heredada o aprendida en su familia. Su pensamiento era conservador, aunque nunca había tenido una reflexión íntima y personal sobre sus ideas y creencias. Sus padres y abuelos fueron siempre defensores del sistema imperante después de la guerra fratricida española; ella creció bajo la influencia formativa de un pensamiento único: el del régimen dictatorial.

Para Angelina, las cosas solo podían ser de un modo: el que ella conocía y aceptaba. Lógicamente, detestaba cualquier signo, actitud o política progresista o de cambio. No era religiosa convencida ni practicante, pero se enardecía cuando el estado aconfesional y laico insinuaba disminuir las ayudas económicas a la iglesia católica, que para ella era, por cierto, la que representaba la única religión verdadera.

En su trabajo de enfermera de maternidad, era áspera, pero eficiente; perdía su compostura cuando tenía que atender a alguna inmigrante, olvidando que los españoles lo han sido por millones hasta hace pocos años. Su rostro se transfiguraba y cambiaba su comportamiento cuando sus pacientes eran marroquíes, negras o extranjeras de bajo nivel social. Era insensible a la realidad frecuente de desamparo, temor y soledad de estas mujeres que, además de la situación derivada de su contexto personal, están afligidas y a veces incomunicadas por el idioma para afrontar ese momento tan crucial como es el nacimiento de un hijo. A las marroquíes las trataba con distancia y jerarquía: si eran muy jóvenes y sumisas las llamaba *moritas*, sino simplemente la mora de la habitación tal. Nunca reflexionó sobre si los magrebíes sentían como algo despectivo el término *moro*.

Angelina hacía gala de su comportamiento cuando, al no entender la lengua de estos inmigrantes, enfatizaba que, cuando ella iba al extranjero, tampoco le facilitaban las cosas con el idioma. No era consciente o no quería serlo de las diferencias de sus viajes a otras naciones con el de estas mujeres inmigrantes, para quienes muchas veces la estancia en nuestra tierra era una huida del hambre, de la pobreza, de las violaciones o de las guerras. A pesar de sus enormes prejuicios, al no poder conseguir una empleada de hogar española, tuvo que contratar los servicios de una mora y, cuando ella hablaba de la mora (a la que nunca llamaba por su nombre), lo acentuaba de un modo inequívoco y desagradable.

Sin embargo, tras regresar Angelina de sus vacaciones y de una baja laboral prolongada parecía haber sufrido una metamorfosis: sus compañeros de trabajo estaban sorprendidos por el cambio radical que se había observado en su actitud. Ahora ella es sensible, afable, solidaria y dúctil en muchos temas de la vida cotidiana; ya no llama a las inmigrantes con desprecio y corrige a sus compañeros cuando estos hacen referencia a alguna paciente como la *morita* o la *negrita*. Ella las llama por su nombre y les tiende todos los puentes de ayuda para la comunicación y la integración; ahora piensa que si alguien es malo no lo es por su raza u origen, sino por sus actos o su personalidad.

Incluso algunos colegas suyos, además de estar sorprendidos por el cambio de Angelina, ya le recriminan su exquisita sensibilidad. Todos se preguntan qué ha podido ocurrir en la vida de Angelina para ocasionar este portentoso cambio. Nadie lo sabe; ella sí.

Cada vez que recuerda lo vivido en esas vacaciones, su corazón se sobrecoge y en un semblante dolorido, pero apacible, se ven discurrir unas lágrimas que descienden por el otrora adusto rostro de Angelina. Solo ella conoce las vicisitudes vividas hace unos meses cuando visitó Estados Unidos. Mucho tiempo había soñado con ese viaje: recorrió Boston, los monumentos estadounidenses, las calles de New York y hasta el monumento a Luther King; estaba deslumbrada por todo lo que veía hasta que sufrió un fatídico accidente de tráfico. Aquello alteró sus vacaciones y en cierto modo su vida. Durante las semanas que estuvo ingresada en un hospital, los únicos apoyos afectivos y sanitarios los recibió de una enfermera egipcia y de una médica asiática en aquel frío hospital de Boston donde ella solo era la hispana de la habitación tal.

Ángel exterminador

Cuando entré aquella mañana en el Centro de Investigaciones Biológicas aún no sabía que jamás saldría de ese edificio. Hasta entonces había oído hablar de este centro, pero nunca había prestado interés a lo que se decía: comentaban en los círculos de mis amigos médicos que esta institución era gemela de otra que existía en Boston y que tenía un presupuesto económico casi ilimitado para investigación. Me decían que allí llegaban los casos más raros del mundo para ser estudiados. Se aplicaban técnicas diagnósticas y terapéuticas experimentales que no gozaban todavía de la aprobación y consenso de la ciencia oficial; me dijeron también que no se sabía con certeza de dónde provenían los fondos para el mantenimiento de esta organización y por qué la habían emplazado en Málaga.

Mi enfermedad, si es que así se le podía llamar, había comenzado poco tiempo antes, pero en las cuarenta y ocho horas previas a mi ingreso en el centro tuvo un agravamiento que me llevó a consultar en mi ciudad, Donostia, con un neurólogo amigo de mi padre. Este, al que mi padre llamaba Josema dado que eran amigos de una infancia común en Azcoitia, nos hizo pasar y nos saludó con sincera amabilidad. Apenas fijó la mirada en mí, se quedó casi inmovilizado, tanto que con dificultad alcanzó a sentarse en el cómodo sillón de su despacho. Casi al mismo tiempo que se sentaba, me hizo la primera pregunta; a esta siguieron muchísimas más: daba la impresión de que él, sin yo decírselo, sabía a lo que había ido o lo que me pasaba.

Después, me examinó y nos pidió que saliésemos un momento de su consultorio. Mi padre y yo que estábamos sorprendidos y muy preocupados por su actitud y por los cambios que se habían producido en su semblante; salimos casi sin darnos cuenta. A través de la puerta, oímos que Josema hizo varias llamadas telefónicas y estas parecían ser a personas importantes, dada la forma protocolaria y de cortesía en que se realizaron. Tras un silencio de unos diez minutos, que más tarde pensé que fueron los necesarios para escribir la carta de presentación que luego yo me llevaría en el bolsillo, nos hizo pasar y nos explicó lo que él creía que me estaba ocurriendo. Josema me miró fijamente a la cara y me habló como si mi padre no estuviese allí; trató de buscar las palabras adecuadas para expresar algo que creía grave, pero procurando al mismo tiempo no angustiarme:

—Jon, no estoy seguro, pero pienso que tienes un síndrome que los médicos hasta ahora negábamos y que, a la luz de las evidencias que vamos recibiendo en estos dos últimos años, comenzamos a aceptarlo como una enfermedad de las tantas para las que la medicina aún no tiene respuestas. Esta enfermedad presenta variados síntomas y signos —dijo tras hacer una pausa y jugar nervioso con el cortapapeles que tenía en su mesa—, de los cuales el primero o más frecuente es una variante de la prosopagnosia. En estos casos, las personas comienzan no reconociéndose parte de su propio cuerpo o lo sienten diferente; pero lo extraordinariamente llamativo e inexplicable es que en fases más avanzadas los que los rodean o los observadores también los perciben de forma anómala. Algunos lo llaman síndrome de transparencia progresiva: terminan estos pacientes siendo «invisibles» y «olvidados».

—Josema —le interrumpí—, a mí lo que me pasa es que observo una parte de mi cuerpo como transparente a nivel de la piel: veo mis vasos sanguíneos en actividad y solo en algunos momentos percibo en este brazo un rojo intenso, como si al mismo tiempo ardiera y fuese a estallar.

—Sí —me cortó Josema—, es una forma de comienzo, aunque se dan muchas variantes. Hasta ahora se han descrito un centenar de casos. —Hizo una pausa y continuó—. No se sabe aún por qué, pero está más extendida en personas en las que su visión del entorno y del mundo es más monolítica, dogmática y visceral; tan apasionados son estos individuos que mantienen relaciones de odio con los que consideran que son sus enemigos. Tienen a veces rasgos psiquiátricos paranoides: se sienten víctimas y toda su carga vital está dirigida contra los que considera son sus victimarios. La mayoría de los casos, pero no todos, se han dado en jóvenes con personalidades algo mesiánicas, que tienen inclusive una forma especial de vestirse, de andar y de comportarse.

Aunque me sentí en cierto modo descrito como perteneciente a ese grupo de personas, en mi fuero interno lo negaba y casi dejé de escuchar a Josema. Pensé en otra gente que podría encajar mejor que yo en esas descripciones y, sin embargo, no tenían mi «enfermedad». En ese preciso momento recordé que la primera vez que noté cambios en la percepción de mi cuerpo fue el día en que envié aquella carta anónima a mi profesora de universidad, amenazándola y acusándola de complicidad con la ocupación de Euskal Herria.

Josema notó que yo había dejado de escucharlo y me dijo, dando por terminada su explicación, que lo mejor era que acudiese al Centro de Investigaciones que estaba en Málaga para que allí confirmasen la sospecha diagnóstica y decidieran el tratamiento correspondiente. Mi padre quería preguntarle muchas cosas, pero entre Josema y yo había surgido de repente una hostilidad tan grande que provocaba en mí un deseo irrefrenable de marcharme cuanto antes y así lo hicimos.

Cuando bajaba en el ascensor con mi padre, empecé a denostar de su amigo, pero un dolor quemante como nunca había sentido antes se apoderó de todo mi brazo izquierdo: fue tan intenso que en un movimiento reflejo me quité la manga de mi sudadera para ver que me ocurría. Me quedé aterrorizado al ver a través de la piel mis propios huesos del antebrazo que, tras presentar un color purpurado, desaparecían, al menos, ante mi vista. Pasó el dolor en segundos. Miré a mi padre y busqué en su mirada la confirmación de lo que yo había visto: él me observaba con perplejidad, sin atinar a decir nada; pasó su brazo sobre mi hombro y salimos a la calle.

Cuando llegué a casa, me encerré en mi cuarto. Escuchaba hablar a mis padres en el salón sobre los pasos a seguir para trasladarnos cuanto antes a Málaga. Esa noche me acosté confuso por la rabia que me había producido la descripción hecha por Josema y decidí no acudir a ningún centro fuera de Euskal Herria.

Al despertarme por la mañana, fui a ducharme y me miré distraídamente en el espejo; quedé petrificado. Sentí un miedo atroz: nunca había podido imaginar que se podía sentir de ese modo. Me miraba en el espejo, me veía, pero mi rostro reflejado no tenía ojos. Pensé que todo era un sueño o que me estaba volviendo loco. Reflexioné unos segundos sobre distintas explicaciones, pero al mirarme al espejo, seguía sin ellos. Me invadió una opresión angustiosa y punzante en el pecho; permanecí unos minutos sentado en el cuarto de baño. Bajé a desayunar temblando; no sabía qué iba a pasar cuando mis padres me viesen en la cocina, que era el sitio donde nos reuníamos todas las mañanas. Entré con gran ansiedad: casi me eché en los brazos de mi madre. Ella solo me dijo que al día siguiente me llevarían al Centro de Investigaciones de Málaga; luego ella me miró fijamente y no noté ningún cambio en su tono de voz ni en su rostro. Salí rápidamente de la habitación y busqué el espejo que había en el recibidor, y lo confirmé: ¡no me veía los ojos! Los podía tocar, y lo hacía con violencia, pero no los percibía al mirarme en el espejo. Me puse a llorar y me quedé sentado en el suelo largo rato; mis padres acudieron y me abrazaron en silencio.

Estuve varias horas en mi habitación: no atendí las llamadas de teléfono de algunos amigos, pero por la tarde llamé a Mikel para decirle que no contaran conmigo para las acciones del sábado y que pasara a recoger el material que tenía yo guardado en casa, ya que no sabía cuándo volvería. No le conté nada de lo que me pasaba; eludí las preguntas sobre mi viaje y después dejé apagado el teléfono para que nadie me llamase. Sentía cierta desazón por ir a un sitio fuera de mi tierra: cuando era niño, hice con la familia un viaje por casi todo el estado español, pero entonces yo no tenía capacidad de análisis de lo que me rodeaba.

Al día siguiente, mis padres y yo llegamos al aeropuerto de Málaga. Cuando aterrizamos, recordé que el año pasado me había alegrado de cuándo estalló allí una bomba, que significaba el inicio de la campaña de verano que la organización ejecutaba anualmente. En ese mismo momento sentí una sensación de calor y frío alternos de gran intensidad en mis genitales. Me quedé pálido, no podía hablar; me invadió un sudor tan espectacular que dejé mojado el asiento del avión. Todos los pasajeros bajaban por la escalerilla y las azafatas no entendían por qué yo entraba en ese momento en el lavabo que había al final del pasillo. Bajé bruscamente la cremallera del pantalón y después el calzoncillo, y vi horrorizado que no tenía genitales. Proferí un grito desgarrador, casi animal, y después solo sentí desamparo. Permanecí unos minutos en el lavabo y más tarde salí con un sentimiento de despersonalización y de abatimiento.

Mis padres, en silencio, me acompañaron a bajar a tierra ante la mirada sorprendida del personal del avión. En Azcoitia, la tarde anterior al viaje, estuve varias horas pensando en las sensaciones que tendría al llegar a España; sin embargo, en las pocas horas que estuve en Málaga antes de dirigirme al centro, no aprecié diferencias subjetivas ni objetivas respecto a lo que vi o sentí cuando me desplacé al aeropuerto de Bilbao. Pero estas observaciones, que antes de viajar pensaba que iban a ser importantes para mí, no tenían en ese momento el menor interés. A mis veinticinco años, que los acababa de cumplir, me sentía mutilado, ciego, monstruoso y con un tremendo temor a lo que podría venir después.

Deseaba que el taxi que nos llevaba a la zona del Parque Tecnológico de Málaga llegara pronto al centro; lo necesitaba. Cuando estuvimos frente al edificio, este me pareció imponente por lo raro, diferente y peculiar. No era grande, pero parecía inmenso; no aparentaba tener ventanas, pero tenía muchísimas. En cierta forma, me recordaba a la arquitectura del Guggenheim. Ya en el área de información, me despedí de mis padres con un prolongado abrazo, pero esta vez esta manifestación de cariño no logró disminuir el miedo y la angustia que sentía al separarme de ellos.

En el centro estaban informados de que yo acudiría a consulta ese día: me atendieron con amabilidad y cortesía. Me llamó la atención el silencio que se apreciaba en todos los sitios; también el color de las paredes que con el transcurrir del tiempo variaban su tinte cromático. El sitio era luminoso y no había música ambiental: cuando llevaba allí quince minutos, me encontraba más tranquilo. Se abrió una puerta y una recepcionista me pidió que la acompañara. Subimos dos plantas en ascensor y de nuevo me encontré en otra sala de espera; en ella había otras tres personas: no hablamos entre nosotros y casi no nos miramos, pero seguramente todos pensamos cuál sería la peculiaridad de la enfermedad que tenía cada uno de los presentes en esa sala. Teníamos un rictus de ansiedad y verdadera preocupación. Transcurridos veinticinco minutos, salió de un despacho un enfermero y nos dijo que el doctor que nos debía atender ya comenzaría a pasar consulta y se disculpó por la demora. Mientras esperaba, comencé a recordar hechos inconexos de mi pasado reciente, de mi militancia en la organización, de mi «enfermedad» y de cómo y por qué me encontraba en ese sitio y en esa situación; pero cuando profundizaba en mis reflexiones, oí que una enfermera me llamaba por mi nombre: era mi turno para pasar al despacho del médico.

Al entrar en el consultorio del Dr. Braun, este se puso de pie y se acercó a la puerta extendiéndome la mano e invitándome a sentarme; era alemán, aunque hablaba un perfecto castellano. El despacho era amplio, luminoso, con una tonalidad general de tinte verde claro que sugerían relajación y paz. Apenas me senté, me llamó la atención que hubiese otra persona en la habitación: estaba sentado en una silla a mi derecha frente a la mesa del despacho del médico. A primera vista daba la impresión de ser un *cabeza rapada* aproximadamente de mi misma edad, vestido con vaqueros azules, camiseta y botas negras; el pelo muy corto, tez blanca y con un desarrollo muscular conseguido seguramente tras muchas horas de gimnasio. No se movió de la silla ni me miró: su vista estaba dirigida a un cuadro que había en la pared que estaba a espaldas del doctor Braun. Mi observación se vio interrumpida por lo que el doctor me dijo:

—Jon, tenemos información preliminar de lo que te ocurre, pero vamos a elaborar de forma completa y precisa tu historia clínica: tenemos que hacerte pruebas bioquímicas, genéticas y de imagen. Según los resultados, te ofreceremos una terapia adecuada para resolver tu problema. —Iba a intervenir para preguntarle sobre lo que él pensaba que me ocurría cuando Braun prosiguió—. Este que está a tu lado se llama Borja y presenta los mismos síntomas que tú. Tiene tu edad y políticamente es nacionalista español, racista y xenófobo. Tiene una clara formulación teórica sobre lo que quiere y para ello encuentra justificado matar, secuestrar, torturar e intimidar; es decir, defiende que el fin justifica los medios, también que los derechos de los pueblos están por encima de los derechos humanos y otras cosas más en las que ahora no me extenderé.

Mi coyuntural compañero de habitación permanecía inmutable y sin mirarme. Intenté de nuevo hablar, pero no supe bien qué decir. El doctor Braun siguió explicándome que ambos seríamos sometidos a similares pruebas; además de los exámenes biológicos, nos someterían a pruebas psicológicas que valorarían nuestra respuesta ante situaciones de problemáticas humanas y sociales en general. Esta vez sí tuve decisión para interrumpir al doctor: le dije que no entendía nada y que no sabía cuál era el objeto de esos estudios en relación a los síntomas que yo presentaba. Braun hizo una pausa y me contestó con algo que después no olvidaría:

—Es un estudio sobre variantes de la maldad. —Hizo otra pausa y continuó—. Es un estudio genético, biomolecular y funcional sobre el sustrato orgánico de la maldad.

En ese momento, pensé que estaba en una casa de locos o que quizás era un proyecto más de la lucha del poder central para anular la fuerza revolucionaria de los pueblos oprimidos; este centro podría servir para desactivar a militantes mediante programados lavados de cerebro. Al mismo tiempo que pensaba eso, comencé a sentir una sensación de estrangulamiento en el cuello con cambios térmicos de frío-calor en la cara y en el resto de la cabeza. Unos segundos después, me encontraba mejor y volví a conectar mi atención a lo que decía el doctor Braun: estaba relatando su hipótesis de la enfermedad.

—Se trata, decía, de una alteración progresiva de un grupo de genes llamados LIFJ; estos cambios están desencadenados o estimulados por factores ambientales y socioculturales como son la violencia, la intolerancia y el odio, entre otras manifestaciones; es decir, lo que hoy llamamos ambioma. Estos genes normalmente modulan funciones de áreas del cerebro al parecer relacionadas con sentimientos y comportamientos que han servido a la especie humana para avanzar como grupo, dado que han sido controladores o frenadores de otras áreas más antiguas del sistema nervioso central. Estas áreas más antiguas expresaban la agresividad interespecie y la negación del espíritu solidario y gregario.

Más tarde, me enteré de que habían llamado LIFJ a este grupo de genes porque correspondían a las letras iniciales de objetivos abstractos del cerebro como libertad, igualdad, fraternidad y justicia. Entonces, salí del despacho del doctor Braun muy confuso, pero pensando que estaba en una especie de manicomio de lujo donde los médicos e investigadores eran los primeros dementes.

Durante las dos semanas siguientes, me realizaron innumerables pruebas de imagen donde valoraban la respuesta a estímulos visuales y auditivos, casi siempre estos de contenido social o político. Me hicieron visualizar películas de atentados, del estado de las víctimas, de los supervivientes y de sus familias; yo tenía libertad para expresar mis ideas plenamente y al mismo tiempo me practicaban exámenes en los que convertían en gráficos mis respuestas en un modo que yo no lo comprendía. Varias veces en esas dos semanas coincidí con Borja, el *skinhead*: sentía hacia él un odio creciente, aunque solo nos mirábamos y balbuceábamos insultos en voz baja, nunca hablamos entre nosotros.

A medida que pasaban los días, me sentía peor. Según me dijeron, ya habían iniciado pautas de tratamiento con unos líquidos de sabor peculiar que nos daban por la mañana; pero yo no apreciaba ninguna mejoría excepto que ya no sentía dolor ni los bruscos cambios de temperatura. Aunque en los folletos explicativos que me entregaron sobre mi síndrome decían que esto era algo parecido a una enfermedad autoinmune progresiva muy acelerada e incluso iniciada por el medio ambiente, yo no terminaba de estar convencido. Puede parecer una tontería, pero lo que sí me alegró fue ver que el folleto estaba escrito y traducido a veinte lenguas, una de ellas el euskera.

Las horas que pasaba solo en la habitación me parecieron siglos: no recibía ninguna visita ni llamadas. Día a día iba sintiendo que la «enfermedad» avanzaba: ya no veía ni percibía gran parte de mi cuerpo, pero no sentía dolor y me angustiaba menos que cuando llegué al centro. En momentos puntuales, tenía crisis de pánico, pero en general estaba sereno, como si asumiese con naturalidad el tremendo cambio que se estaba produciendo en mi cuerpo y en mi persona. Eso me recordaba al personaje de *La metamorfosis* de Kafka. Lo único que me animaba era saber, por lo que me contó el doctor Braun, que a Borja le ocurría lo mismo.

Una noche, la auxiliar de cocina que me llevaba la cena a la habitación y con la que había iniciado una relación más personal, me dijo que había oído que Borja y yo seríamos trasladados al módulo G. Se comentaba en el centro que el módulo G, también llamado «de los iluminados», era el sitio destinado a genocidas, criminales de limpieza étnica, dictadores, fundamentalistas religiosos y terroristas; este último término me exasperaba, pero a la hora de entendernos con otros pacientes del centro terminé aceptándolo y empleándolo en mis conversaciones. El módulo G era el misterioso, ya que, según se decía, no coincidían el escaso número de habitaciones e infraestructura de las que disponían con la gran cantidad de personas que se suponía había allí dentro.

Cuando a la mañana siguiente el doctor Braun me dijo que pasaría al módulo G y que compartiría habitación con Borja, tuve el último impulso agresivo que recuerdo: insulté a Braun, intenté agredirle, pero fui contenido por dos auxiliares que estaban a unos pasos de mi sillón. Braun apenas se alteró; me dijo que esperaba esa reacción y que en ese módulo no se mataba a nadie, más aún, me dijo, que tendría total libertad para salir y marcharme si lo deseaba; pero que creía que, dado mi estado evolutivo, probablemente desarrollaría «el cuadro del ángel exterminador». Me quedé mirándolo y le respondí que no sabía qué era eso.

—Se llama así a un comportamiento similar al de los personajes de la película de Buñuel que lleva ese nombre, es decir, que al igual que esos personajes, aún teniendo libertad para marcharte, no podrás hacerlo, ya que te sentirás atrapado en el ambiente.

Me levanté empujando la silla con violencia y salí de la habitación seguido por los dos auxiliares, que simplemente me acompañaban a unos metros detrás de mí. Cuando esa tarde entré en el módulo G, no tenía voluntad de resistirme a nada:

ya no veía ni sentía mi cuerpo; frente al espejo no existía, pero yo sabía que estaba allí y los demás también. Días después me informaron de que estaba en la misma habitación que Borja, pero no llegábamos a vernos o sentir la presencia uno del otro. Llegué a la conclusión de que estaba loco.

Pedí a una enfermera que me trajera aquella película de Buñuel y la vi en mi habitación: comencé a comprender lo que me había explicado Braun. También entendí más tarde por qué allí éramos muchísimos y, sin embargo, no ocupábamos espacio. Vi llegar al centro a algunos conocidos, pero no me pude comunicar con ellos: ya no solo nosotros no nos veíamos, sino que también los demás dejaron de oírnos, de atendernos… No existíamos y, sin embargo, en mi habitación había más personas, pero no éramos capaces de contactar unos con otros. Quizás al igual que yo, los demás también estaban atrapados en esta especie de «ángel exterminador» que nos impedía marcharnos.

Durante mucho tiempo y no sé cuánto transcurrió, pensé que eso era la muerte: lo veía todo, pero yo no existía. El centro pasó a ser mi hogar definitivo: la vida monótona y la pérdida de interés por el paso del tiempo solo fue sacudida por los preparativos especiales que se realizaron en el módulo G para recibir a un nuevo paciente-huésped. Este, al parecer, era muy importante; después me enteré de que era un líder político de las corrientes nacionalistas populistas de los últimos años.

No sé cuánto tiempo ha transcurrido desde que estoy aquí y tampoco sé por qué comenzó todo; solo sé que estoy en la nada.

Amor/desamor

La amó tanto... Con ella tuvo la fortuna de alcanzar la felicidad, pero también el desvarío. Tras muchos años de separación, hoy la vio y se preguntó cómo entonces pudo ocurrir aquello y cómo ahora siente lo que siente, es decir, nada… Quizás solo sea biología y paso del tiempo.

Noche de cine

Era yo muy joven en aquel invierno del 76. Esa noche era la tercera vez en esa semana que iba al cine en aquella ciudad del norte de Argentina llamada Tucumán. Mientras esperaba el comienzo de la película de Saura, *La prima Angélica*, recordaba con gran placer los días de mi infancia cuando junto a mis padres y mi hermana acudíamos al cine.

En mis recuerdos ese día era una gran fiesta para nosotros: desde los preparativos, los bocadillos hechos por mi madre y comidos durante la película hasta el ambiente de la sala del propio cine hacían que el olor, la penumbra, el ruido de los ventiladores en el verano o la luminosidad de las pantallas de las estufas de gas en el invierno nos produjeran tal deleite que hoy recordamos esas noches como momentos de felicidad en nuestras vidas. El regreso a casa en tranvía, donde seguíamos hablando de lo visto, también era algo placentero. Casi siempre veíamos dos películas: una que llamábamos de amor y otra de vaqueros o aventuras. Me embargaba la tristeza cuando iba a acabarse la segunda película: significaba el final de la fiesta. Solo se superaba ese sentimiento pensando que pronto se volvería a repetir; pero en ocasiones se prolongaban los periodos sin cine por falta de dinero, pero la vuelta al mismo, cuando se producía, era aún más gozosa.

En aquella semana de julio del 76 ya había visto dos películas españolas: para mí era como conocer España y a los españoles; ansiaba ir a ese país, quería retomar las huellas de mis ascendientes y también era el sitio al que quería huir para vivir en libertad. Había visto *Peppermint frappé* y *El espíritu de la colmena*, y ahora, mientras esperaba ver en *La prima Angélica* a José Luis López Vázquez y a Lina Canalejas, reflexionaba que ya ni el cine era un sitio de paz en esa Argentina aterrorizada. En ese preciso momento y a los pocos minutos de estar apagadas las luces, estas se volvieron a encender e irrumpieron en la sala unas diez personas armadas que eran los comandos del terror de la dictadura. Cogieron a una pareja de jóvenes que estaban dos filas delante de la mía y se los llevaron casi arrastrando fuera de la sala. Los rostros de miedo de esa pareja aún siguen grabados en mi mente.

Aquel día no pude ver la película: me quedé sumido en la tristeza y la desesperanza. Los fotogramas que se proyectaban en la pantalla estaban como teñidos de rojo, que era el color de la sangre que se derramaba por aquellos años en esa Argentina donde unos morían y otros decían que por algo será.

Los porqués de María

María es una madre argentina que ha envejecido preguntándose por qué, por qué no se marcharon cuando el país enloqueció, por qué mataron a su hija, por qué la torturaron, por qué hicieron desaparecer su cuerpo, por qué la humillaron, por qué nunca va a saber cómo murió, por qué no han encontrado a los asesinos, por qué no puede saber dónde está, por qué, por qué… Mientras no tenga respuesta, ella la seguirá esperando. Ya han pasado más de cuarenta años y siempre que alguien llama a su puerta espera con un hilo de ilusa esperanza que sea su hija que regresa. A veces al despertarse cree que todo ha sido una pesadilla, pero prefiere seguir en ella antes que anular para siempre la esperanza. Su hija es ahora un cúmulo de recuerdos y una imagen en unas fotos deterioradas que ella aprieta entre sus manos. Sigue esperando y preguntando, pero es consciente de que su tiempo se acaba. También tiene la esperanza de que otros sigan con los porqués.

Viajando a Madrid

Llevaba solo veinte minutos en Madrid y ya comenzaba a confirmar mis sospechas. Caminaba por el andén, todavía titubeante por todo lo que acababa de vivir, cuando observé que en Atocha solo estaban los pasajeros que habían llegado en el mismo tren que yo. Al salir de la estación con la intención de tomar un taxi, me impactó encontrarme en una ciudad fantasma, aunque en el fondo creo que ya lo había presentido. No había gente en ningún sitio: las calles estaban desoladas, las tiendas, abiertas, pero absolutamente desiertas, y los coches, aparcados como lo solemos ver en la madrugada de cualquier día.

Caminé unos quinientos metros y dejé de ver a mis compañeros de viaje. Me senté en un banco y me puse a meditar, rodeado de soledad y en un silencio como jamás había notado antes en una ciudad de ese tipo. Me di cuenta de que estaba viviendo una situación insólita, casi increíble, pero no me sobrecogía, sino más bien la aceptaba como una realidad ya sospechada: eso me producía una anestesia emocional quizás incrementada por ese escenario casi fantasmagórico en el que me hallaba.

Siguiendo el hilo de mis sospechas, extraje de mi maleta una pequeña radio que siempre llevaba en los viajes. La encendí y recorriendo todo el dial no encontré ninguna emisora de Madrid; las demás emitían con normalidad, pero ninguna desde esa ciudad. Hacía ya una semana que había notado la desaparición de esas emisiones de radio y también de presentadores y programas de televisión que yo seguía desde Málaga, pero que me constaba que se emitían desde Madrid. Del mismo modo, había percibido la falta de noticias referidas a la ciudad en los periódicos nacionales y cuando intenté hablar con una amiga que vivía allí para confirmar mi viaje, no pude dar con ella; nadie respondía al teléfono.

Me puse de pie, suspendí las elucubraciones y decidí seguir andando en dirección a Cibeles. Dejé abandonada mi maleta y la chaqueta, ya que sentía que no la iba a necesitar más o, en todo caso, podría coger lo que me apeteciese en cualquier tienda o centro comercial: todos estaban abiertos y a mi disposición; sin embargo, lo que sí me sorprendió fue ver que los quioscos de periódicos estaban cerrados, como si estuviesen clausurados. Seguí caminando y al pasar frente al museo del Prado, sin saber bien por qué, decidí entrar: solo me encontré salas vacías; al igual que en toda la ciudad, no había gente ni tampoco ninguna obra en sus paredes. Se apreciaba las marcas que habían dejado los cuadros al ser retirados. Me senté en un banco de madera y mirando distraídamente los claroscuros de las paredes comencé a recordar lo que había vivido en las últimas horas.

Solo hacía medio día que me había despertado en mi ciudad con la luminosidad típica de Málaga; mientras me duchaba, Sara, mi mujer, me preparó la maleta. Me insistió en que pusiese atención en los medicamentos que debía llevar y sobre todo en las horas de las tomas, tal cual lo había prescripto el psiquiatra: estaba yo medicado por este desde que presenté una fuerte crisis emocional tiempo atrás.

Aunque iba a Madrid a una reunión de trabajo y solo iba a estar ausente dos días, sentía dejar a Sara, ya que formábamos una pareja muy unida. Quizás esta unión, que era casi una dependencia mutua entre los dos, se debía a que no teníamos hijos: nos casamos ya mayores y esa fue nuestra decisión. Para mí era el segundo matrimonio: yo tengo un hijo de mi primera pareja, pero este apenas nos visita. Diferimos mucho en principios éticos y políticos y probablemente esto nos fue separando poco a poco. Recientemente, nos habíamos distanciado aún más por las discusiones relacionadas con la guerra de Iraq. Yo intentaba comprender a los políticos que la apoyaron; sin embargo, él los detestaba por haber provocado, según su opinión, una agresión cruel basada en mentiras con la única finalidad de controlar el petróleo. Dejé de pensar en mi hijo y terminé de arreglarme.

Sara me llevó en su coche a la estación y fuimos durante el camino mirando el hermoso color azul del Mediterráneo. Cada vez me costaba más dejar Málaga y a mi mujer, aunque solo fuese por unos días. Con Isabel, mi primera esposa, me ocurría lo contrario: ansiaba esos viajes para relajarme de la tensión que teníamos en nuestra convivencia. Un día oí decir a un experto en problemas familiares que las personas siempre tienden a repetir errores en las nuevas parejas, ya que buscan en el fondo personalidades similares a las que ya tuvieron; en mi caso no fue así: las dos mujeres de mi vida son polos opuestos. Ahora disfruto con la seguridad, la paz y el amor que siento al convivir con Sara; llegamos a la estación y, antes de subir al tren que me llevaría a Madrid, nos despedimos con un largo y sincero abrazo.

Había sacado billete en clase preferente por consejo de Sara: ella pensaba que así iría más cómodo y podría durante el viaje repasar los temas que me llevaban a la reunión de Madrid.

Apenas estuve situado en mi asiento, observé a los pasajeros que iban en mi coche: afortunadamente, eran pocos y parecían educados y poco ruidosos. Me alegré de que nadie fuese en el asiento que estaba al lado del mío.

Me entretuve observando a mis compañeros de viaje. Detrás de mí iba un matrimonio con dos hijos que sin duda eran gemelos, dado el parecido que había entre ellos. A mi derecha, en el asiento del otro lado del pasillo, viajaba un hombre de unos sesenta años que, por sus modales, gestos y el tipo de lectura que le ocupaba, parecía ser una persona culta y educada. Algo más adelante y también a la derecha, viajaba una atractiva mujer de unos treinta y cinco años: era del tipo de las que siempre se están insinuando o empleando mecanismos de seducción ante todo hombre que entra en su punto de mira. En sus ojos se leía «inténtalo, que puedes tener posibilidades»; quizás no era ni siquiera consciente de cómo humillaba con esa actitud a su pareja, que en ese momento leía distraídamente una revista a su lado. Un poco más lejos había otros pasajeros: dos matrimonios de la tercera edad que hablaban sin parar, pero que no molestaban a los demás; y ya más alejada de mí iba una pareja de jóvenes ingleses que durmieron casi todo el viaje.

Saqué de mi maleta unos informes que tenía que revisar y fue en ese momento cuando me di cuenta de que me había dejado olvidado en Málaga el bolso con todos los medicamentos que me había preparado Sara. Pensé de todos modos que no era tan importante: ya procuraría en Madrid comprarlos. Si me saltaba dos o tres tomas de estos fármacos, no pasaría nada del otro mundo: eso me dije a mí mismo para tranquilizarme. Había estado casi toda la vida sin ellos, solo los tomaba desde hacía seis meses, cuando me ingresaron en aquel servicio psiquiátrico.

El viaje al comienzo transcurrió como era habitual en el trayecto Málaga–Madrid: para mí era un viaje más. Aunque no hacía mucho tiempo que había realizado este trayecto, de repente lo percibí distinto: no reconocía bien el paisaje que íbamos atravesando. También noté que la velocidad era superior a otras ocasiones y casi impedía fijar la vista fuera del tren. En ese momento comenzaron las noticias grabadas que transmitían los monitores de televisión del vagón en que yo me encontraba. Como ya lo había apreciado en días precedentes, los presentadores del telediario no eran los de siempre y la transmisión del mismo no parecía ser desde Madrid; estaba también muy atento a las noticias para constatar lo que ya sospechaba: ninguna información se refería a la capital de España. Cuando comenzaba a preocuparme por los motivos de esta situación, escuché una noticia que me inquietó tremendamente: se informaba, aún sin confirmación, que un avión estadounidense que repostaba en vuelo y que transportaba armamento cayó sobre el área poblada de una ciudad; no se daban más detalles al respecto. Me produjo esa noticia tal nivel de angustia que pasé del canal de televisión a los de música, pero en ese momento comenzó mi pesadilla.

Al cambiar de canal, en mi monitor dejé de ver el telediario, pero apareció en pantalla Sara, mi mujer: se visualizaba como si fuese una película, donde la cámara había seguido y seguía todos los movimientos de ella desde que nos separamos en la estación. Me quedé perplejo, estupefacto; comencé a sudar frío y pensé que estaba alucinando debido a que no había tomado los fármacos correspondientes. Me levanté casi tambaleante y miré en los otros monitores del coche y en todos ellos se seguían emitiendo noticias banales en el telediario; volví a sentarme y fui absorbido por el desarrollo de las imágenes que se proyectaban en mi televisor. En este veía a Sara dejar la estación: caminaba con dificultad por calles casi desconocidas de Málaga. El entorno que la rodeaba era apocalíptico: se veían casas destruidas, múltiples incendios y una humareda que dificultaba la visión. En las aceras se observaban cuerpos calcinados, pero lo más sobrecogedor eran los gritos desgarradores que provenían de un autobús incendiado. Vi llegar a Sara a nuestra casa y llamar casi sin fuerzas a la puerta. A los segundos, esta se abrió y apareció un hombre más o menos de mi edad, pero al que no se le veía la cara; se fundieron en un prolongado abrazo y él comenzó a acariciarla tras cerrar la puerta: sus caricias cargadas de gran ternura fueron correspondidas y devueltas por mi querida Sara. Creí morirme: no podía ser cierto lo que estaba viendo en ese televisor. ¿Qué estaba pasando? ¿Qué era todo eso? ¿Me estaba volviendo loco? Comencé a sentir un miedo que jamás había tenido antes, ni siquiera podía haberme imaginado que se podía sentir en esa intensidad; la angustia, el terror al descontrol y la locura me invadieron.

Me herían tanto las imágenes que veía en el monitor que desconecté los auriculares y me tapé los ojos con mis manos para no ver nada a mi alrededor. Sentí una opresión terebrante en el pecho que me ahogaba y me impedía respirar. Retiré las manos de mi cara y miré otra vez hacia el monitor: Sara y el desconocido, que estaba de espaldas, permanecían sentados en el suelo de una habitación cogidos de la mano. Me levanté de mi asiento y me abalancé sobre el televisor golpeándolo como si así fuese a borrar aquellas imágenes insoportables; rompí la pantalla de un fuerte puñetazo. Junto a los cristales, la sangre de mis manos manchó el techo y los asientos cercanos.

Aunque no podía fijar la atención en nadie, me di cuenta de que todos los pasajeros de mi vagón se marcharon huyendo: solo se quedó el hombre de barba cana que estaba a mi lado y que me miraba consternado, en silencio e inmóvil. Casi me arrodillé a sus pies y llorando le pedí ayuda; me contestó:

—Tranquilo, tranquilo.

Atropelladamente y a borbotones le conté lo que me estaba pasando: me miró unos segundos y sin decir nada cambió de canal en el monitor correspondiente a su asiento. Volví a ver la imagen de Sara y del desconocido que estaban sentados en el suelo y cogidos de la mano: él se parecía mucho a mí, tanto que parecía ser yo mismo. Efectivamente, era yo. Mi único compañero de vagón se mantuvo en silencio mientras en la pantalla reaparecíamos Sara y yo, ahora ambos de pie y en una postura que traducíamos desánimo y tristeza. Ambos mirábamos a través de una ventana un paisaje descorazonador; me recordaba a los que tantas veces vimos en el cine de la Hiroshima postnuclear: las imágenes estaban impregnadas de una profunda quietud e inmenso abandono.

Retiré la mirada del televisor e intenté desesperadamente llamar por el móvil y fracasé. No aguanté más y me dirigí a mi compañero circunstancial de viaje: lo cogí del brazo y le pedí con gran vehemencia que me acompañara a la cabina desde donde se emiten los programas para la televisión del tren. Casi corríamos por los pasillos; él me seguía al mismo ritmo que yo llevaba, pero en su rostro no se reflejaba preocupación ni curiosidad: era como si él estuviese acostumbrado a esas situaciones; más tarde, supe que era médico y quizás eso explicaba sus reacciones. En esa loca carrera a través del tren nadie nos detuvo y daba la sensación de que a todos les parecía una situación normal o por lo menos así lo creí yo en ese momento.

Llegamos los dos hasta la cabina del conductor del tren. Tras unos densos cristales que yo nunca había visto antes, se apreciaba una luminiscencia intensa que impedía mantener la mirada en esa dirección; a pesar de ello, vislumbraba unas siluetas humanas dentro de la cabina, pero no respondían a mi llamado. Grité hasta quedar sin voz y más tarde golpeé con fuerza y desesperación esa valla que para mí era como una frontera que no podía atravesar para poder descifrar lo que estaba ocurriendo. A la derecha de esta valla de cristales, había algo similar a una puerta con unas instrucciones de apertura: estas estaban escritas en un idioma que no entendía y que tenían una grafía que jamás había visto antes; también observé algo parecido a unas perforaciones y relieves que me recordaban al sistema braille, pero, a pesar de poner toda mi inteligencia en descifrarlo, no lo conseguí. Había llegado a el acmé de la angustia y a partir de entonces comprendí que todos mis esfuerzos serían en vano. Emocionalmente, percibí que desaparecía la ansiedad y era sustituida por una sensación de impotencia, fracaso y tristeza. Creo que me quedé en ese sitio más o menos media hora, quieto y en silencio. A mis espaldas persistía la luminosidad intensa de esa frontera de cristal.

Volví a conectar con la realidad cuando mi compañero coyuntural de viaje se dirigió a mí y, mientras se rascaba con suavidad su barba blanca, me dijo:

—Ya está mejor: volvamos a nuestro vagón y allí charlaremos un rato.

Le contesté con un no silencioso y casi sin mirarlo; puso un instante su mano sobre mi hombro, dijo un suave adiós y se marchó. Permanecí en la misma posición mientras observaba cómo él se alejaba por el pasillo del tren. Miré a mi izquierda y vi que estábamos llegando a la estación de Atocha de Madrid, aunque no se había anunciado por los altavoces del tren. Cuando ya se detuvo en la estación, me dirigí a mi vagón, cogí mi maleta y descendí al andén; lo demás ya os lo conté antes.

Permanecí sentado en una de las salas del museo del Prado mirando sus paredes vacías en una ciudad desierta y abandonada por sus habitantes. Comenzaba a oscurecer. En ese momento, el silencio sepulcral que lo envolvía todo quedó roto por la sirena de una ambulancia; ese fue el primer sonido que oí desde que estaba en Madrid. A los pocos minutos vi aparecer en la puerta de aquella inmensa sala del museo a tres personas: interpreté que eran médicos o enfermeros, ya que me recordaron a los que conocí en la unidad de agudos del hospital en el que estuve ingresado. Se acercaron a mí y sin hablarme me inmovilizaron y me inyectaron en las venas un líquido oleoso que sentí que me quemaba al circular por mi sangre. Salí andando con ellos y subimos a una ambulancia.

Cuando habíamos circulado unos mil metros, uno de los enfermeros, al ver un quiosco de prensa abierto, pero abandonado, detuvo el vehículo y bajó corriendo hacia la esquina donde estaba ese puesto: cogió dos o tres periódicos y, mirando a ambos lados como si se ocultase de algo, regresó deprisa con la prensa en la mano. Subió a la ambulancia, pero siguió detenida; mis acompañantes o guardianes, ya que no sé cómo describirlos, se olvidaron de mí y se pusieron a leer la prensa con gran interés. Después se quedaron en silencio: no hablaron más entre ellos y dejaron caer uno de los periódicos hacia atrás, donde yo me encontraba; me incliné sobre este y lo recogí. Leí en primera página un titular que me dejó más confuso de lo que hasta ahora había estado: «Evacuación inminente y total de la ciudad. Se seguirán las instrucciones de protección civil y del ejército. Se prevé atentado en la capital de España con armas desconocidas»; estaba fechado hacía siete días. Aunque no quería aceptarlo, pensé que la barbarie que reina en nuestro mundo se volvía también hacia nosotros; la sinrazón de las guerras y la irresponsabilidad de nuestros gobernantes una vez más nos conducían al dolor y a la destrucción.

Miré hacia delante y observé que la ambulancia se ponía en marcha otra vez. Cuando pasábamos frente a la Clínica de la Concepción, las solitarias calles comenzaron a recobrar la vida: por fin volvía a ver gente en la ciudad. Algunos paseaban por las aceras, otros iban en coche, y un autobús se detuvo para dejarnos paso; en fin, lo habitual a esas horas en esa zona de Moncloa. En ese momento no sabía con certeza si esa era la realidad o solo una sensación producida por el fármaco que me habían administrado.

Cuando ascendíamos la rampa del Hospital Clínico, que era al parecer adónde nos dirigíamos, comencé a sentirme bien y muy lúcido. Había vuelto la normalidad o yo había vuelto a la salud, escapando una vez más de la enfermedad y el desvarío. Ya no percibía fronteras en mi mente que dificultasen mi entendimiento. Los días que estuve en él se me hicieron muy largos y para distraerme pasaba horas y horas mirando a través de mi ventana, que daba a la parte posterior del hospital. Lo que aún no he podido comprender es por qué durante días y noches camiones del ejército salen del hospital llenos de ataúdes y se dirigen hacia las afueras de Madrid.

La Navidad de Jon

Eran las diez de la noche del 23 de diciembre y Jon llevaba mucho tiempo inmóvil en el sofá: estaba sumergido en profundas cavilaciones al igual que en los días previos desconociendo que pronto aquellas no tendrían sentido. Estaba esperando una respuesta de su organización: ahora dudaba de si había sido correcto sincerarse con su compañero al que en realidad apenas conocía.

Todo había comenzado en la Navidad pasada: entonces había sufrido un «terremoto emocional por sentimientos pequeño burgueses», como él lo describía, y fueron esas mismas palabras las que empleó para explicárselo a su enlace. En la Nochebuena pasada él tenía treinta años, pero sentía que estaba a la vuelta de todo, no entraba en su esquema mental la duda; respecto a las Navidades, por ejemplo, pensaba que eran unas fechas de sonrisas fáciles, de deseos huecos, de ambiente postizo creadas por los grandes centros comerciales, aderezados con villancicos y películas lacrimógenas sobre la bondad y la caridad, según él, todo eso solo servía para satisfacer a la sociedad de consumo. Pero en esa noche navideña de hacía un año se produciría un vuelco radical e inesperado en su vida.

Cuando en repetidas ocasiones en los meses siguientes analizaba lo ocurrido aquel día, llegaba a la conclusión de que no había pasado nada extraordinario: solo había vivido una fiesta familiar como millones de personas, pero era en su cerebro, en sus sentimientos, en sus residuales principios éticos donde sí se había producido una conmoción. En aquel 24 de diciembre, Jon

—aunque nadie le llamaba por ese nombre desde hacía años—, estaba observando sin atención los programas de televisión en donde se resaltaba el ambiente familiar de las fiestas, los deseos, los regalos, los programas de la próxima Nochevieja y también el bombardeo propagandístico de juguetes para los más pequeños; nada de eso tenía que ver con él, ya que llevaba más de nueve años sin estar en su pueblo, sin ver a su familia ni a sus amigos de la infancia y ese ambiente navideño le provocaba algunas reflexiones en las que no quería entrar. A pesar de todo, no pudo evitar pensar y recordar cómo era él en su infancia y juventud antes de entrar en la vida que ahora tenía de clandestinidad, de desconfianza y de sentimientos controlados y fríos. En segundos su mente repasó el pasado y recordó su transformación de una persona idealista y romántica en otra ejecutiva y práctica de la que aprendió que no debería temblarle el pulso o la moral cuando tuviese que ejecutar al enemigo o golpear ferozmente a todo lo que se opusiera a la independencia de su tierra.

Su memoria seguía divagando y, aunque tenía buenos mecanismos defensivos para no entrar en profundidades íntimas, comenzó a sentirse solo. En ese momento, sus meditaciones se interrumpieron porque llamaron a la puerta sus vecinos de piso: estos creían que él era maestro y que estaba solo en Madrid, y lo invitaron a pasar la Nochebuena con ellos. No pudo, no quiso o no supo negarse: fue una invitación tan sincera y transparente que a los minutos estaba, casi sin darse cuenta, en otra casa que sí era un hogar de gente «común» como él más tarde lo catalogaría. Allí había personas de todas las edades: abuelos, hijos, nietos y amigos. Durante la cena, ruidosa, alegre y festiva, se dieron todos los tópicos de comportamientos que esperaba de unas personas de ese barrio de trabajadores. Sin embargo, se sintió en familia, quizás ayudado por los repetidos brindis de cava; rio, contó historias, bailó y se sintió como una persona «normal», algo que hacía años no sentía.

Cuando volvió a su piso y se encontró otra vez solo, pensó y meditó muchas horas sin poder conciliar el sueño; reflexionó sobre su vida, su familia, y lamentó no tener pareja o hijos; reflexionó sobre su militancia y se preguntó dónde estaban los límites éticos de sus actividades: matar, aterrorizar, secuestrar; ¿estaban justificados en función de conseguir la sociedad que él deseaba? ¿Cómo se construiría una sociedad libre y fraterna si había aceptado que mediante el terror podría imponer sus ideas? ¿Cuándo se acabaría o siempre estaría justificado eliminar al adversario? ¿Su militancia, como decía una antigua novia suya, estaría más dentro del análisis psicopatológico que del político? Finalmente, se durmió.

Al día siguiente, quizás por la resaca o por esa magia que los propios seres humanos necesitamos, creamos o sentimos en Navidad, se sintió otra persona. Todos los meses que siguieron a esa fiesta tuvo una crisis profunda de militancia: planteó problemas a la organización, quiso abordar temas no discutibles e intentó polemizar y hacer reflexionar a los compañeros que funcionaban con él. A mediados de diciembre, manifestó que quería dejar la militancia por discrepancias personales y políticas. Aún sabiendo los riesgos que conllevaba, programó ir estas Navidades a su pueblo para ver a su familia, a su exnovia y a algunos amigos. Ahora estaba esperando a un enlace de la organización para que le respondiesen sobre su decisión.

Eran las veintitrés horas del día anterior a Nochebuena: sonó el timbre y abrió la puerta a un antiguo compañero. Minutos más tarde, volvía a estar sentado en su sofá, sin vida, con la mirada fija hacia el televisor donde de nuevo se repetían los mensajes mediáticos que forman parte del entorno sentimental de la Navidad. Él ya no los veía ni los oía, y tenía una expresión de estupor y asombro en su rostro. Quizás, como todos los días de estos últimos meses, se habría vuelto a preguntar por qué, para qué.

Mudanza en Nochevieja

Esa mañana del 31 de diciembre de 1976, que se presentaba gris, fría y con cielos encapotados de nubes, él tenía que realizar la mudanza. Hacía solo tres meses que había llegado de ese país en el que imperaba solo el terror y la muerte; ahora no pensaba en ello, solo en realizar un nuevo cambio de residencia a un piso más barato y acorde a su exigua situación económica. Atravesó el portal bajo la mirada desconfiada del portero, que ya le había manifestado sus ideas xenófobas, y se fue a buscar un taxi para el traslado de sus escasas pertenencias; regresó a los veinte minutos y subió a recoger a su hija y a su mujer. Ella, con mirada triste y casi sin hablar, le confirmó que estaba todo listo.

En el vestíbulo del apartamento había dos maletas desgastadas y cerradas a presión, un cochecito de su hija que se lo habían prestado en la pensión en la que antes habían estado y un par de libros de medicina, gordos y pesados, que eran como la compañía científica y el apoyo para el trabajo desde que inició el forzado y doloroso exilio de Argentina. Pero ahora no quería y no podía pensar en ello: no podía y no quería pensar en sus padres temerosos de nuevas «visitas» paramilitares, no quería y no podía pensar en sus amigos desaparecidos, muertos o torturados; solo debía pensar en la mudanza. Él y su mujer, que entonces eran muy jóvenes, cargaron con dificultad, pero con decisión, todos los enseres en el taxi. También llevaban un enorme, antiguo y feísimo televisor alquilado.

Fueron atravesando Madrid hacia zonas más periféricas cercanas a Batán y Aluche. Eran las doce de la mañana y la ciudad estaba preparada con todos los ornamentos navideños; no dejaba de sorprenderlos el periodo invernal en el que estaban, ya que en su país siempre habían pasado las Navidades en verano. Su hija de menos de un año, morena, de pelos rizados, dulce, pero con mirada de temor al entorno, jugaba con el botón de su abrigo; solo cambiaba su rostro a una expresión de seguridad y paz cuando se sentía abrazada y protegida por su padre. Él la llevaba sobre sus piernas con la mente ocupada por los problemas de la mudanza, de la nueva vivienda y del futuro incierto del día siguiente. Su mujer, práctica y buena luchadora en las adversidades, no hablaba, solo miraba a través de los cristales del taxi, quizás recordando otras Navidades o pensando con temor y tristeza que no recobraría algunos momentos de felicidad y seguridad que había tenido en el pasado. La dureza de los tiempos vividos había conducido a que entre ellos no hablasen ya de sus cosas, sino solamente de estrategias y tácticas de supervivencia o sobre el cuidado de su hija.

Después de atravesar la Casa de Campo, llegaron por fin al nuevo hogar. Tras subir cuatro pisos cargando el pesado y viejo televisor alquilado, desempacaron las maletas y ordenaron algo aquella casa vacía. Más tarde, compraron un turrón, agua y prepararon para cenar arroz hervido con atún de latas; a su hija le hicieron una papilla de patatas con calabaza y un biberón de leche con maicena. Se sentaron los tres alrededor de una pequeña mesa camilla y comenzaron a ver en el televisor, que estaba apoyado en el suelo del salón, el programa de la fiesta de Nochevieja y las noticias de la insegura transición política que se vivía en esa tierra que ahora los acogía. Comenzaban a conectarse a través de esa caja cuadrada y en blanco y negro con ese país al que tanto querrían después y en el que se sentirían con el tiempo como partes del mismo.

Brindaron con agua la llegada del nuevo año, se dieron un abrazo y tras un silencio dijeron: «¡Bueno, ya hemos hecho la mudanza!». Su hija dormía con una sonrisa de paz y tranquilidad mientras a lo lejos se oía el estallido de algún petardo navideño y villancicos que acompañaban a los anuncios comerciales de la tele. En el suelo del salón estaban las maletas abiertas y las bolsas de plástico que habían servido para la mudanza.

Regalo inesperado

Ricardo despertó aquel 15 de diciembre en la soledad de su apartamento y pensó que ese sería un día más, como todos los que vivía desde que estaba en esa pequeña ciudad de la serranía de Málaga. Suponía que por ser su cumpleaños quizás recibiría alguna llamada telefónica de sus hijos, aunque estos el año anterior lo habían olvidado. Más tarde, mientras conducía su coche camino del hospital donde trabajaba como ginecólogo, fue reflexionando y haciendo un balance de los últimos años de su vida: aunque en otra época fue un médico destacado, después de la separación matrimonial solicitó traslado a un centro de menor complejidad y fue perdiendo progresivamente todo el empuje laboral y científico que antes lo habían distinguido. Cumplía cincuenta años y solo se lamentaba de no haberse divorciado mucho antes: respetaba a su exmujer, pero creía que nunca se habían amado verdaderamente. Ahora la incomunicación con ella era total.

Una hora más tarde, mientras se lavaba en el quirófano para comenzar las operaciones que tenía previstas para ese día, sintió un torbellino de ideas y de sentimientos aparentemente inconexos en su cabeza: dado que su cerebro estaba casi siempre en continua actividad reflexiva y analítica, pensó, eludiendo otras ideas no gratas, que ese tipo de anarquía de pensamientos sería lo que había llevado a los psicoanalistas a desarrollar las técnicas de asociación libre. Pero, para no seguir divagando, hizo un esfuerzo en centrar la atención en lo que le pasaba y se dio cuenta de que estaba estresado por las intervenciones que tenía que practicar, ya que últimamente había tenido algunos accidentes quirúrgicos que probablemente en otras manos no hubiesen ocurrido. Tampoco la tarde que le esperaba era muy halagüeña: el día anterior había visto la lista de las pacientes citadas en su consulta privada. Le agradaba ver a algunas de estas: las conocía desde hacía tiempo y tenía muy buena relación con ellas y con sus maridos; habían compartido momentos de preocupación y de felicidad, en especial aquellos en los que trajo al mundo a sus hijos. Sin embargo, también tenía que ver esa tarde a pacientes que solo iban a medir sus conocimientos e inteligencia: estas acudían con el fin de tener otra opinión y compararla con la de otros colegas que ya habían sido visitados con anterioridad. Con estas mujeres nunca lograba una buena relación e incluso le desgastaba el esfuerzo personal que tenía que hacer para guardar la corrección en el trato.

Esa tarde, llegó un poco antes a su consulta. La enfermera lo saludó:

—Feliz cumpleaños, doctor. Qué pase un feliz día y que siga cumpliendo muchísimos años más.

—Gracias, muchas gracias —le contestó con un tono educado, pero carente de sentimientos.

Luego, su enfermera le dejó sobre la mesa un paquete que le habían dejado para él en la portería: estaba envuelto en papel rústico y tenía escrito a mano en una de las caras «¡Felicidades!». Lo abrió distraídamente y vio que se trataba de un libro de relatos: se titulaba *Cuentos fantásticos*. Le llamó la atención la peculiar y bonita encuadernación del libro: tenía tapas negras y dos bandas rojas en los extremos superior e inferior. No figuraba el nombre del autor y tampoco llevaba tarjeta del remitente del obsequio; habitualmente, al recibir un regalo, su enfermera llamaba para agradecer en su nombre, ya que a él le costaba mucho esfuerzo mantener contactos sociales distintos a los que establecía en la propia relación médico-paciente. Dejó el libro a un lado y comenzó a pasar su consulta diaria. Solo lo aliviaba saber que era viernes y que descansaría el fin de semana.

Por la noche, ya en su apartamento, después de leer el periódico en la cama y con la amenaza del insomnio, recordó el libro que le habían regalado y decidió echarle un vistazo. Siempre sentía placer cuando le obsequiaban libros o música y se preguntó quién sería la persona que se había acordado de su cumpleaños. A veces ocurría en su consultorio que llegaban regalos, sobre todo en Navidades, y las pacientes olvidaban poner remitente o tarjetas que indicasen el origen del mismo; probablemente, es lo que había sucedido en este caso. Comenzó a hojear el libro de relatos y en la primera página leyó un extracto de un párrafo de *El lobo estepario* de Hesse que decía: «"La mayor parte de los hombres no quieren nadar antes de saber". ¡No quieren nadar, naturalmente! Han nacido para la tierra, no para el agua. Y, naturalmente, no quieren pensar; como que han sido creados para la vida, ¡no para pensar! Claro, y el que piensa, el que hace del pensar lo principal, ése podrá llegar acaso muy lejos en esto; pero ése precisamente ha confundido la tierra con el agua, y un día u otro se ahogará». Esta reflexión sobre el pensar lo dejó meditabundo y abstraído mientras seguía pasando casi sin atención las páginas del texto.

Al llegar al relato número cuatro, se quedó sorprendido por el título y la coincidencia con su nombre y apellido: «Vida y muerte de Ricardo Sánchez»; esto le despertó mucha curiosidad y comenzó a leer, pero cuando llevaba treinta líneas se quedó paralizado. Existía una gran similitud entre los datos y rasgos biográficos del personaje y los suyos propios; además de llamarse como él, el sujeto del cuento había nacido también hacía cincuenta años en México, ciudad a la que sus padres habían emigrado exiliados tras la guerra civil. Prosiguió la lectura con ansiedad y temor hasta el final.

Esa noche releyó el cuento decenas de veces: cada vez que lo hacía, estaba más perturbado y emocionalmente desquiciado; desde la horrible muerte de su madre un año antes, no se había sentido igual. Ahora estaba sorprendido e impactado por la descripción de su propia vida en ese relato: había detalles mínimos, precisos, que solo él o quizás alguien muy cercano podía conocer; pero lo peor estaba en el desarrollo del cuento, sobre todo en lo referente a lo que acontecía desde sus cincuenta años actuales hasta su final. Se levantó de la cama y fue hacia el armario del cuarto de baño donde recordaba que guardaba unos ansiolíticos: se tomó dos, pero no sirvió para nada. Esa noche no durmió.

Por la mañana estaba agotado, pero intentando pensar con lucidez. Se le ocurrió la posibilidad de que fuese una broma de mal gusto, pero muy bien montada. Al mismo tiempo se preguntaba quién podría conocer esos datos concretos y fehacientes que se contaban en el texto: ¿cómo podría alguien saber hasta sus sentimientos íntimos? ¿Quién se tomaría el trabajo de editar un libro para semejante broma? En fin, parecía una cosa de locos, sin explicación de momento; él, que era agnóstico y no creía en ningún pensamiento supersticioso, descartó otras posibilidades que su cabeza empezaba a fabular. Guardó el libro en el armario y decidió hacer su vida normal ese fin de semana: hizo las compras en el supermercado, leyó los periódicos, dio un corto paseo por el centro de la ciudad y realizó la limpieza de su pequeño apartamento. Desde un teléfono público, llamó a su padre a la residencia de ancianos de Córdoba; este vivía allí desde que falleció su madre. En ese momento, meditó que sus padres, a pesar de no llevarse bien, habían permanecido unidos toda la vida hasta que la enfermedad y muerte de su madre los separó finalmente.

Ese sábado consiguió a duras penas no pensar en el regalo que tenía guardado en su armario, pero el domingo, mientras preparaba en el microondas una comida precocinada, tuvo una crisis de pánico: esta se desencadenó al ser consciente de que en ese libro que tenía en su habitación estaba sentenciada su vida. Dejó la comida sin probarla y leyó de nuevo el cuento. En él se relataba, entre otras cosas, que a los cincuenta y dos años se volvería a casar y que su mujer sería Marina, una de sus compañeras de trabajo; él la detestaba porque esta era insolidaria, envidiosa y muy competitiva. Pero lo que más angustia le produjo fue saber cuándo y cómo moriría. Siempre había pensado que los seres humanos tenían entre sus fantasías el deseo de saber cómo sería el final de sus días; sin embargo, ahora le resultaba insoportable conocer la fecha y el modo de la propia muerte: le provocaba un desasosiego tremendo y le producía una rebeldía y una necesidad de intentar cambiar ese destino. Hasta hace poco tiempo, Ricardo soslayaba las preocupaciones que comúnmente las personas expresaban por la muerte; solía cortar estas conversaciones riéndose y mencionando una frase que él atribuía a Mitterrand, el expresidente francés, que decía: «No le tengo miedo a la muerte, sino a dejar de vivir». Pero últimamente, tras la separación, la soledad y la larga agonía que precedió a la muerte de su madre, a veces ni siquiera sentía gran interés en seguir viviendo.

Por todo eso, estaba ahora sorprendido por la angustia que le había provocado el conocer en ese relato el final de sus días. Esa tarde de domingo en su apartamento elucubraba sobre lo que debía hacer. En un momento de ofuscación pensó que si sabía cuándo y cómo era su final, tenía que hacer al menos algo útil por los demás como, por ejemplo, subsanar injusticias de la realidad en la que vivía: pensó en dedicar toda su inteligencia y medios para luchar contra los que producen odio, dolor y muerte en nuestro entorno cercano. Con frecuencia se solía enervar cuando sabía que criminales confesos escudados en patriotismos decimonónicos habían producido dolor y duelo a familias enteras; estos mismos, tras cortos periodos en la cárcel, estaban viviendo en libertad como ciudadanos dignos cuando en realidad eran intolerantes, tribales y, a menudo, su propia acción política los transformaba en vulgares psicópatas. Sentía que debía hacer algo contra ellos. Tenía sentimientos similares contra los que él consideraba responsable de las guerras actuales: creía que las mentiras, obcecaciones políticas y los intereses económicos terminaban como siempre produciendo dolor, muerte, mutilación y torturas a miles de inocentes. Muchas veces desde su infancia sentía esos arranques de fantasía justiciera, como lo llamaba un psicólogo amigo suyo: casi siempre terminaban en sensación de impotencia y frustración, quizás una similar a la que tenía por no haberse dedicado en su vida a la política activa.

A los minutos de estos pensamientos apasionados, recobraba la serenidad y la reflexión y analizaba que todo lo leído en el relato podía ser una patraña y que debía olvidar todo el asunto hasta que se aclarase: él siempre decía que todo o casi todo terminaba aclarándose. Mientras pasaban las horas, Ricardo estaba en silencio y procuraba que su mente estuviese también tranquila, pero no lo conseguía y volvía de forma reiterativa y compulsiva a plantearse la pregunta de cómo y quién podría conocer aspectos tan personales e íntimos de su vida.

Ya en la madrugada del lunes tomó la decisión de no ir a trabajar: se tomaría unos días para tratar de aclarar de forma racional toda esta historia. Para ello, actuaría como si fuese por encargo de otra persona y siguiendo más los pasos de una pesquisa casi policial. Por la mañana temprano, llamó al hospital para avisar de que no iría y lo atendió su colega Marina; cuando escuchó su voz, sintió un escalofrío, ya que le parecía imposible que ella fuese algún día su mujer, tal cual lo relataba el cuento. Dedicó toda la mañana y la tarde a recorrer las librerías de su ciudad y también intentó por Internet conseguir alguna información de ese libro y de la editorial que en letras pequeñas figuraba en la solapa del mismo; el primer día fue infructuoso, pero su estado de ánimo ya era diferente; ahora estaba invadido de ansiedad por desarrollar un plan y seguir pasos concretos para conseguir su objetivo: el de encontrar al autor de esa obra.

Al día siguiente se desplazó a Málaga y tras visitar sin éxito tres librerías muy conocidas, recordó una que vendía libros nuevos y usados; esta estaba en una callejuela de la zona del centro de la ciudad y la atendía un hombre muy anciano que se comportaba siempre como si tuviese todo el tiempo del mundo para atender a sus clientes. Se dirigió hacia allí y, aunque había estado con anterioridad, le costó encontrarla. Más tarde, ya en su interior, se sintió a gusto entre los millares de volúmenes que allí había, el olor a libro viejo y la penumbra del local: todo esto lo asociaba como muy característico de este tipo de tienda. Había descubierto ese sitio dos años antes cuando llegó allí buscando un libro que trataba del derecho de los animales y otro llamado *Antitauromaquia*: en esa época él estaba muy sensibilizado con este tema, ya que detestaba las llamadas fiestas taurinas y todo tipo de maltrato a los animales, sobre todo los de las fiestas de los pueblos, que en aras de la defensa de las tradiciones se seguían celebrando a lo largo y ancho de España. Respecto a las tradiciones, creía Ricardo que quizás en contadas ocasiones estas tenían un valor positivo, ya que en general servían para defender intereses pacatos, intolerantes o hasta primitivos de los seres humanos.

Encontró al librero detrás de una estantería y le pareció que estaba más envejecido de lo que él lo recordaba. Se dirigió a este y le explicó lo que estaba buscando:

—No, no conozco esa obra —respondió el librero—. Tengo dudas de si alguna vez he trabajado con esa editorial.

Ricardo se sintió decepcionado, pero, aun así, le dejó su número de teléfono para que le llamase si recordaba algo relacionado con lo que él buscaba. Los cien kilómetros que recorrió de regreso a su apartamento en Ronda le parecieron muchos más, ya que volvía desesperanzado y exhausto.

Tomó de pie en la cocina un bocadillo de queso y una cerveza, y se sentó frente al ordenador para ver el correo atrasado que tenía. Al leer el último mensaje, su corazón se sobresaltó: era del librero de Málaga, que le daba unos detalles útiles para localizar la editorial del libro buscado. La información se refería a una antigua casa editora que creía ya inexistente, pero que coincidía con la que él buscaba y que tenía su sede en la ciudad de Salamanca. Ricardo ya no pudo dormir: estaba taquicárdico, sudoroso e hiperquinético; caminaba de un lado a otro en el pequeño salón de su apartamento. Hablaba en voz alta consigo mismo formulándose preguntas de las que no conocía respuesta. Finalmente, decidió salir esa misma noche en dirección a Salamanca.

Cuando llevaba dos horas conduciendo, se dio cuenta de que no llevaba suficiente ropa de abrigo: allí no existía la benignidad del clima de Málaga y ya transcurría la segunda quincena de diciembre; tampoco tenía dinero, aunque pensaba extraer de algún cajero con su tarjeta. De repente, se percató de que el librero le había dejado el mensaje en su ordenador y él no le había dado otros datos que el número de su teléfono móvil. Esto también lo intranquilizó, pero hizo su esfuerzo habitual de retomar la serenidad y pensó para sí mismo que ya habría alguna explicación.

Llegó a Salamanca a las diez de la mañana: como previno, estaba nublado y hacía mucho frío. Durante el viaje, ideó que se acercaría a alguna tienda para comprarse ropa de abrigo, pero ahora no le importaba el frío: solo quería llegar a la dirección que le dieron de la sede de la editorial; según le dijeron, estaba en un barrio periférico de la ciudad. Cuando llegó a ese sitio, encontró que allí no había ninguna, sino que solo había un local con la persiana bajada y que parecía, aunque no había cartel, que se trataba de una pequeña imprenta en decadencia. Eran las once y media de la mañana y el establecimiento estaba cerrado.

Se dirigió a un bar que había enfrente para desayunar y sobre todo tomar algo caliente, pues empezaba a sentirse mal por el cansancio, el frío y haber malcomido en las últimas veinticuatro horas. Desde allí podía divisar la puerta de la imprenta por si llegaba alguien: no había terminado de desayunar cuando vio que un hombre muy canoso de unos setenta y cinco años levantaba con dificultad la persiana del portal de la imprenta. Pagó el desayuno y salió corriendo sin recoger el cambio. El hombre del pelo cano recibió a Ricardo con temor y desconfianza dado que este llegó tropezando, despeinado, con una expresión de gran ansiedad en su cara y hablando con un acento que no era el de esa tierra. Tras unos segundos de mutua observación, Ricardo sacó el libro del bolsillo de su chaqueta y le preguntó si allí había sido editado. El salmantino, sin responder y con movimientos lentos, se dirigió a una mesa que había a unos metros del mostrador y extrajo de un cajón un cuaderno muy deteriorado y comenzó a hojearlo. Ricardo lo miraba con gran atención mientras le sudaban las manos, las axilas y le palpitaba el corazón. Tras unos pocos minutos, aunque a él le parecieron muchísimos más, el anciano de pelo cano se dirigió a él y le dijo:

—Sí, aquí se hizo una tirada muy reducida de ese libro. Su autora vive en un pueblo de Salamanca llamado Bercimuelle y, aunque no sé con exactitud el nombre de ella, si tengo su dirección.

Esto sobresaltó aún más a Ricardo y, mientras miraba con ansiedad al anciano, este escribía temblorosamente la dirección en un recorte de papel. Cuando se lo extendió para entregárselo, Ricardo casi se lo arrebató de las manos y leyó con avidez. Ponía: «Plaza de la Constitución, 12 - Bercimuelle (frente a la iglesia)». Con vehemencia inquirió al anciano:

—¿Dónde está ese pueblo? ¿Dónde?
—No lo sé —respondió este, malhumorado por la insistencia de Ricardo—, creo que en los límites con Ávila.

Sin despedirse, salió apresuradamente para buscar su coche. Cuando llegó al sitio donde lo había aparcado, se encontró con que la grúa se lo había llevado y habían dejado una pegatina en su lugar. Tenía tal excitación que corrió hasta un cajero automático de un banco y extrajo todo el dinero que pudo. Minutos después, paró un taxi y acordó con el taxista que lo llevara a ese pueblo desconocido para él hasta ese momento, pero ahora tan importante, ya que quizás le ayudaría a aclarar el enigma que tanto le obsesionaba.

No cruzó palabra alguna con el conductor del coche durante el tiempo que duró el viaje. Cuando este le dijo que ya estaban llegando, se sintió inexplicablemente vencido, cansado, como dispuesto a afrontar o recibir cualquier desenlace a ese misterio, pero sin capacidad de respuesta. Pensó para él mismo que quizás el estrés vivido lo había dejado así de incapacitado.

El taxi se detuvo en el número doce de la calle buscada; era un atardecer oscuro, frío y no había gente en las calles de ese pequeño pueblo. Ricardo pagó al taxista, pero le pidió que lo esperase. Se bajó con lentitud del coche y llamó en una casa modesta que tenía una puerta antigua y muy desgastada. Al ver que nadie respondía, insistió de nuevo. Segundos después, comenzó a oír ruidos, como cuando se quitan cadenas y barras de seguridad; luego, escuchó el sonido del giro de las llaves y la puerta se abrió. Ricardo palideció y con un rostro que denotaba estar invadido por el desconcierto y la sorpresa exclamó balbuceante:

—¡T-tú!

Permaneció muchos meses en ese pueblo hasta que un día su colega Marina del hospital de Málaga vino a recogerlo. Esta mujer fue la única que lo visitó durante los meses que estuvo en el psiquiátrico y, cuando se marchó de alta, según cuentan, se fueron a vivir juntos, aunque nadie ha vuelto a ver a Ricardo.

Realidad artificial

Solo unos días después de cumplir mis treinta y cinco años fui convocado para el gran viaje; después de tantos años, por fin había llegado el momento para la emigración final. Al subir a la nave miraba con sumo interés a mis compañeros de travesía, pero nadie hablaba: nos indicaron el lugar destinado para sentarnos y no debíamos movernos en las seis horas que duraría el transporte. Miraba a través de la pantalla, que estaba delante de mi asiento, las imágenes del exterior donde observaba por última vez el suelo del planeta en que había nacido y vivido hasta este momento. Me consolaba en parte el pensar que adónde me dirigía encontraría a otros como yo: las historias contadas por mis abuelos vividas en la Tierra serían ya solo una actividad cerebral de mi sistema nervioso.

Estaba sumido en estos pensamientos cuando ella entró en la nave: la sentaron en la fila de asientos que estaba delante de la mía. Los pocos minutos que la vi de pie bastaron para que me adelantase en el viaje que estaba por hacer, un viaje al deseo y a la imaginación. Desde el sitio en que yo me encontraba solo veía de ella su pelo negro y fuerte, su hombro desnudo y solo una parte lateral de su cara. Era joven, alta, de piel blanca y la intuía bellísima, aunque no podía verla completamente. Lo que más me maravilló era que leía un libro de los antiguos, en papel. Me imaginé que era una privilegiada, ya que tenía acceso a esas obras en ese soporte.

En las horas que duró el traslado solo me dediqué a pensar si ella y yo podríamos ser pareja en el nuevo hábitat al que nos dirigíamos. Me parecía oler su cuerpo; estábamos separados unos cincuenta centímetros por unos asientos y, sin embargo, yo ya me sentía enamorado de ella. La deseaba, me imaginaba besándola y acostándome con ella con pasión y ternura. También presentía que seríamos compañeros para siempre en nuestro nuevo hogar. No me perdí un minuto de descifrar sus movimientos mientras leía ese libro. Con la mirada le acariciaba esa piel delicada y fuerte de su hombro que era lo único a lo que podía acceder desde mi asiento; esa joven mujer que en la fantasía ya me había conquistado el cerebro y, como decía antes, también mi corazón. Me imaginé viviendo en su compañía los momentos alegres y tristes de la vida, la lucha por la existencia y la crianza y educación de nuestros hijos hasta que tuviésemos que entregarlos al sistema. La conocía en esos momentos y ya la amaba con intensidad; solo una parte de su hombro y de su cara bastaron para que la deseara. Su capacidad de seguir leyendo despertó mi admiración.

Las seis horas del transporte me pareció una vida compartida, pero también me angustió el final. Teníamos que bajar según el número asignado: ella salió de la nave unos diez minutos antes que yo. Traté de adelantarme para no perderla de vista, pero fui reprendido por los guardianes, ya que no respetaba sus indicaciones. Finalmente, salimos de la plataforma y me dirigía a mi asignado transporte que nos trasladaría a la colonia cuando la volví a ver: la habían desconectado y la subían a un módulo de recarga de los robots. Parecía estar muerta: inmóvil, mecánica, transformada en lo que era, una máquina.

Quedé conmocionado. Ya había conocido historias de amor con las máquinas, pero no las creí. Algo se rompió en mi corazón. Aunque me empujaron a mi cola para el nuevo transporte, me prometí que pasase lo que pasase volvería a por ella, ya que nos esperaba una vida juntos.

Despertar

Según me dijeron, solo hacía unos días que había vuelto a conectar con el mundo real. En ese despertar, me encontré en una sala en la que, separada por unos biombos, había unas ocho camas. El ambiente estaba iluminado por luz artificial y se oía de forma continua unos pitidos y un sonido rasposo que luego supe que correspondían a los monitores y respiradores de la unidad de cuidados intensivos en la que me encontraba. Con frecuencia, pasaban por el pasillo con actitud diligente enfermeras y médicos con uniforme azul que tras observar los monitores y gráficos apuntaban datos en sus historias.

En aquel momento traté de recordar cómo había llegado allí, pero no lo conseguí: desconocía el día y hora en que estaba. Más tarde, me dijeron que había tenido una trombosis e infarto cerebral y que tras varios días de estado crítico y en coma había logrado superar el trance. Cuando me vi en aquella cama, tenía una mascarilla de oxígeno, sonda y sueros en perfusión venosa; entonces fue cuando me di cuenta de que no podía moverme, sobre todo una parte de mi cuerpo estaba totalmente paralizada, entendía con dificultad lo que se me decía y lo peor era que no podía comunicarme con los demás. Me visitaban personas que decían ser mis familiares, aunque yo no los reconocía; salvo alguna excepción me sentí cuidado, querido y tratado con afecto por todos los que se acercaron a mí.

Pasaban los días y yo había perdido totalmente la dimensión del tiempo y del sitio en que me encontraba: mi mundo pasó a ser el espacio limitado de los biombos vecinos y la medida del tiempo la daban los cambios de turnos de las enfermeras y de los médicos. Los días transcurrían y solo percibía mínimos progresos en mi estado físico y mental. Fue por entonces cuando comencé a tener interés por saber qué ocurría fuera de mi nuevo hábitat. En una esquina de la sala en la que me encontraba había un televisor que parecía estar encendido constantemente; esto, más la luz artificial continua, daba la sensación de que el día y la noche eran periodos idénticos. Lamentablemente, desde el lugar en que se situaba mi cama no era posible acceder a la imagen y sonido de aquella pantalla; por esta razón, en una de las visitas de uno de los que decía ser mi familiar le pedí, de manera apenas inteligible, que me trajera una radio.

Desde ese día mi estancia en la UCI cambió: permanecía horas y horas escuchando la radio, sobre todo la información política diaria del país y del mundo; atraían más mi atención las opiniones encendidas, beligerantes e interesadas de tertulianos a sueldo que me parecía que fomentaban la crispación y la cizaña en la sociedad. Quizás por una sensibilidad particular hacia esos temas —después me dijeron que yo había sido un político muy conocido antes de enfermarme—, fui cogiendo con un interés y una curiosidad insaciables los acontecimientos diarios; eso, además, me permitía evadirme de la soledad angustiante en que me hallaba derivada de la ausencia de recuerdos que sufría entonces.

Comencé a discernir con mi actual análisis desprejuiciado, dado que yo no sabía quién era, la verdad de las mentiras, las medias verdades y los mecanismos que empleaban los individuos para no conceder jamás la razón al adversario político y más aún transformar a este en enemigo; el ocultar la información para que esta no produjese réditos electorales a los opositores y desarrollar la capacidad para nunca reconocer los errores cometidos eran el pan de cada día en mis observaciones radiofónicas. Descubrí a quién servía cada cual y percibí la intromisión de otros poderes de la sociedad en la vida democrática del país.

En fin, volvía a ser un político como, según me decían, lo había sido antes del infarto cerebral. La diferencia estribaba ahora en que mis observaciones y mis opiniones no defendían intereses partidistas ni se basaban en ideologías, sentimientos y prejuicios nacidos y heredados de mi entorno inmediato; tampoco creía en identidades ancestrales ni en los derechos de los pueblos, sino solo en los derechos de los individuos, de los ciudadanos de esos pueblos. Como es de suponer a esta forma de enfocar la vida, llegué después de muchos meses de rumiar con mi minusvalía y con la cercanía de la muerte, quizás esa sensación de desvalimiento continuo me enseñó a analizar la realidad sin estereotipos, con sentido común y con una mayor sensibilidad por los marginados.

Cuando ya me habían pasado a una sala normal del hospital donde le practicaban la rehabilitación física a mi deteriorado cuerpo, alguien, que afirmaba ser de mi familia, me trajo un libro recientemente publicado del cual yo era su autor. Lo leí en dos días, casi sin pegar ojo, y lo que quedó en mí tras el final de la lectura fue una inmensa vergüenza por lo que yo exponía en el texto: mis sentimientos eran tales que durante un tiempo permanecí sumido en un mutismo aún mayor que en el que había estado hasta ese momento.

Con el paso de las semanas, comencé a recordar cosas de mi pasado y a reconocer a algunos de mis familiares y amigos. Sentía tanta deshonra, quiebra del pundonor y arrepentimiento por lo que yo había sido que preferí seguir en silencio fingiendo no recordar nada y reflexionando sobre lo que haría en el futuro si conseguía recuperarme. Comencé a repudiar mi anterior vida y detesté al personaje que yo antes había encarnado: soberbio, altanero e insensible, siempre dispuesto a la confrontación con los que no se doblegaban a mis opiniones e intereses. A partir de entonces, con frecuencia me aislaba del entorno, simulando oír la radio con los ojos cerrados mientras en mi mente bullían las preguntas de cómo lograr revertir lo hecho hasta ahora o cómo lograr ser una nueva persona. Solo me consolaba saber que quizás podría tener una segunda oportunidad.

Bioquímica

Estructura, función, órgano noble, cerebro,
neurotransmisores interactuando por y con la realidad,
modulando, condicionando y expresando momentos,
momentos que llamamos felicidad, tristeza, euforia, depresión,
lucha, abatimiento, amor…
Dependiendo de sus proporciones e interacciones, somos
la grandeza o la insignificancia;
solo moléculas en acción.
¡Qué imperfección! ¡Y qué petulante somos!
Solo bioquímica desde el principio al fin.

Un mal día para José

José de Castro era un médico militar de pocas luces, inflexible en sus convicciones; para él en la mayoría de los temas no existían las dudas ni las excepciones. Tenía una apariencia inofensiva, pero los que lo trataban más íntimamente conocían su carácter agresivo e intolerante: cuando estaba rodeado de gente que él creía afín, siempre estaba vociferando contra cualquier grupo o persona que expresase una opinión progresista o diferente de la suya. Él detestaba a quién defendía la democracia, la tolerancia, el respeto a la diferencia, la defensa del medio ambiente o los derechos sindicales entre otras muchas cosas. Aunque ahora pertenecía a una clase media, provenía de una clase humilde; pero por su ideología era un admirador y defensor acérrimo de los poderosos y de los ricos: defendía el orden establecido a ultranza y justificaba cualquier acción para evitar los cambios. Sus relaciones sociales siempre las establecía midiendo la posible rentabilidad de la misma para él o los suyos.

Trabajaba por la mañana como médico en el Ejército del Aire y por la tarde ejercía de traumatólogo en su consulta privada; en ella, si mediaba el pago de dinero en sus actos médicos, ya tenía cierta tolerancia en los temas que abordaba, disposición que no demostraba en su trabajo matutino oficial. Nunca captó el mensaje cristiano de su religión, pero era muy formal en esos asuntos: se casó por la iglesia, bautizó a sus hijos y los envió a colegios religiosos de prestigio por su formación conservadora; no faltaba a misa los fines de semana, pero acudía como la gente destacada de su barrio a la misa de la tarde. Detestaba a los inmigrantes, aunque, como él decía, tenían sus rangos: despreciaba más a los negros, después a los moros y algo menos a los sudacas, y para él todas las mujeres inmigrantes eran putas y los hombres, ladrones; le gustaba jactarse ante sus amigos de que tenía a una graduada superior ucraniana fregándole los suelos de su casa. Con frecuencia, sus compañeros de trabajo le gastaban bromas en relación a sus valores conservadores y él siempre respondía con altanería y desprecio hacia cualquier idea que no fuera la suya.

Como era habitual, en esa tarde de domingo invernal había acudido con su mujer a misa. Iba como siempre correctamente vestido para su estilo: llevaba chaqueta y corbata y saludaba con cortesía y educación a los otros feligreses que coincidían con él allí. Durante la misa, repitió mecánicamente todos los pasos del acto religioso y pidió a Dios con firmeza que salvase a su hija de un divorcio en ciernes. Aunque detestaba a su yerno, este le había facilitado cierto ascenso social y, además, él no toleraría la vergüenza de una separación en su familia. Rezó para reforzar ese pedido con más énfasis y luego fue más generoso de lo habitual en la donación al cepillo de la parroquia.

Salió de la iglesia y tras caminar unos metros del brazo de su mujer se detuvo estupefacto, con un rictus que congeló su rostro reflejando sorpresa e ira: acababa de ver a su hija menor pasar en una moto abrazada a un hombre en una actitud clara de ternura y enamoramiento, y este era además hijo de un rojo al que él detestaba. Sintió que su mundo se derrumbaba y no sabía si llorar o perseguirles hasta dar con ellos y explicarles con firmeza hasta que comprendiesen que hay cosas que no son compatibles en esa sociedad.

El día aún no había terminado: muy malhumorado y casi sin hablar con su mujer, llegó a su casa. Empezó a culpabilizar a su esposa de los problemas familiares dado que esta era algo más tolerante con las demandas de sus tres hijas cuando sonó el timbre. Al abrir la puerta se encontró con su hija mayor, aquella por la que acababa de rezar en la iglesia: anunció que venía a hablar de algo muy importante. Su semblante expresaba una gran preocupación. Se sentaron en las butacas del salón; José todavía no estaba recuperado de lo que había vivido a la salida de la iglesia cuando sus oídos escuchaban de la boca de su hija palabras muy intranquilizadoras:

—Papá y mamá, os vengo a contar que ya me he separado de Jorge. Sé que no lo compartís, pero es mi vida y ya no podía seguir de ese modo.

José se puso rojo, tenso y un tic involuntario le movía el párpado resaltando la mirada de furia que dirigía a su hija. Cuando iba a hablar, su mujer intervino:

—Hija, nos haces muy infelices y esto, como sabes, va a hacer sufrir mucho a tu padre. —Mientras decía esto, detenía con un gesto a su marido para que no estallase.

—Os comprendo, pero esta es mi vida y ahora me siento libre y estoy feliz. —Silvia, que era el nombre de la hija, la interrumpió—. Me he enamorado ya hace tiempo, aunque no os lo había contado: quiero a Roberto.

—¿El mejicano? —gritó José cuando escuchó ese nombre, dando un salto. Antes de que su hija respondiese que sí, salió de la habitación dando un estruendoso portazo que las asustó.

Pasaron unos cuantos años y José recordaba aquel día como uno de los peores de su vida. Ahora llevaba mucho tiempo sin saber de dos de sus hijas, que se marcharon a vivir a otras ciudades. Estaba solo: su mujer había fallecido ya hacía unos años, aunque tampoco fueron tiempos felices, ya que solo se hablaban para culparse de quién había destruido la familia. Mientras José pensaba eso, estaba sentado en la sala de visitas de la residencia de ancianos en la que ahora vivía: esperaba con anhelo que viniese la única visita que tenía cada quince días. Le avisaron que preguntaban por él. Esbozó una sonrisa forzada y salió a recibir a su hija Silvia, que venía acompañada por su marido, el mejicano.

Gratitud

A mediados y finales de los setenta en Argentina se vivía un clima de terror y una desaparición total de los derechos más elementales de las personas; en esa sociedad donde muchos no querían saber y otros decían que por algo sería solo imperaba de forma dominante el sentimiento del miedo. Mi mujer, nuestro bebé de pocos meses y yo habíamos conseguido, después de sortear innumerables dificultades, abandonar aquel horror y llegar a España con pasaportes de turistas con validez para tres meses de estancia, pero ese tiempo se nos estaba acabando y no podíamos regresar al país en el que habíamos vivido nuestra infancia y juventud.

Gracias a la solidaridad desinteresada de personas entrañables que conocimos en esta tierra de acogida, establecimos un contacto muy importante para solucionar nuestro problema. A través de un amigo que a su vez tenía un conocido relacionado con un funcionario policial, conseguimos la autorización para permanecer en España tres meses más; eso nos produjo enorme alegría y tranquilidad familiar. Pensamos durante varios días en cómo agradecer a esa persona que nos había ayudado devolviéndonos con esa legalidad transitoria nuestra dignidad y esperanza. Le preguntamos a nuestro amigo, que nos había puesto en contacto con ese funcionario, si le parecía bien que le hiciésemos un obsequio y nos respondió con un sí dudoso, pero nos dio la dirección de la oficina del ministerio.

No teníamos ningún ahorro, pero de algunos trabajos irregulares que pudimos realizar obtuvimos algo de dinero y le compramos un regalo: desde nuestra visión, intentábamos expresar a través de ese obsequio nuestra sincera gratitud por la ayuda recibida.

Con el estrés tremendo que nos producían los locales policiales (y a mí aún hoy me lo siguen produciendo), acudimos para ver a nuestro funcionario benefactor; esperamos más de tres horas para ver a la persona destinataria de nuestro regalo y agradecimiento. Por fin se abrió la puerta, salió, nos miró y preguntó por qué queríamos hablar con él. Su rostro era duro, desconfiado, y su tono de voz gélido y afilado; todos estos rasgos se le acentuaron aún más al oír nuestro acento. Le explicamos, algo temblorosos y vacilantes, a lo que íbamos; dijo un casi imperceptible gracias, nos señaló a su secretaria para que le dejásemos el regalo sobre la mesa y se fue casi sin mirarnos dando pasos firmes y seguros por el pasillo de aquella oficina policial. Regresamos a casa en silencio.

La *escuelita* encantada

En realidad, ahora es una casa, aunque muchos saben que años atrás fue una *escuelita*; sí, una *escuelita* rural de los años setenta de un país de Sudamérica. En aquellos tiempos, la *escuelita* estaba en construcción, pero los militares del momento la destinaron a otros fines menos humanitarios y la convirtieron en centro clandestino de detenciones. En estos centros, al igual que en otros similares que proliferaron por toda la geografía, se pudo comprobar que el infierno existía y que estaba en la tierra, al menos para las centenares de personas que estuvieron entre sus paredes. Allí, estas fueron vejadas, violadas, torturadas y conducidas por el camino del horror hasta la muerte.

Actualmente, es una casa; una casa muy peculiar y no sé deciros por qué. Como consecuencia de cambios urbanísticos, esta y la pequeña parcela circundante tienen la forma de una cruz; el color de sus paredes exteriores es blanco, pero también es un blanco particular que no tiene brillo alguno y parece no reflejar la luz; esta opacidad se continúa por las ventanas, que están siempre cerradas. Pero lo que distingue más a esta casa de las demás es la historia que lleva aparejada y es la de la familia de Esteban.

Cuentan que Horacio, el nieto de Esteban de seis años de edad, había sido invitado a una fiesta de cumpleaños de un *compañerito* de su clase en aquella casa peculiar, la antigua *escuelita*. Sus padres lo dejaron a la hora de la merienda y quedaron en recogerlo unas horas después, pero nunca más lo vieron: Horacio desapareció. En los días y meses que siguieron, los recuerdos de los últimos minutos que estuvieron con él les serviría de bálsamo para atenuar el horadante dolor que sintieron por su pérdida.

Los anfitriones de la fiesta relataron que los niños tras comer la tarta de cumpleaños se pusieron a jugar al escondite en las habitaciones de la casa y fue allí y en ese momento cuando desapareció Horacio: solo encontraron un pañuelo rojo junto a una pared y los demás chicos contaron que ese era el pañuelo que llevaba al cuello el nieto de Esteban cuando se esfumó entre los cuartos de la casa. Cuando se percataron de la desaparición del niño, buscaron en todos los rincones de la vivienda y en los alrededores; la policía fue informada y se amplió la búsqueda por toda la ciudad, pero todo fue en vano: Horacio no apareció; no apareció nunca más. Los momentos más tristes y desconcertantes ocurrieron cuando los dueños de la *exescuelita* tuvieron que explicar a los padres de Horacio que este se había perdido dentro de la casa. Durante semanas y meses se realizaron todas las investigaciones posibles, científicas y también cercanas a las supersticiones. Se consideraron todas las hipótesis, pero el niño no apareció: parecía haber sido aspirado, tragado, secuestrado por las paredes de aquella casa peculiar.

Los padres de Horacio enloquecieron con el tiempo y la tristeza los consumió hasta la muerte. Ya en el final de sus vidas y habiendo perdido toda esperanza, asumieron que su hijo estaba muerto. Pero al parecer lo que más sufrimiento y dolor les producía era no saber dónde estaban los restos: ya por entonces la única aspiración que tenían era conocer dónde descansaba su vástago y se murieron sin que sus deseos se cumpliesen.

Dicen que Esteban sí sabía dónde estaba su nieto; sabía que estaba en esa casa. Todos los días a las seis de la madrugada cuentan que Esteban acudía allí y esperaba, aunque sin esperanza, a que alguien sacase a su nieto por la puerta del aparcamiento de la antigua *escuelita*. Esa era la hora en la que él, años atrás y en el mismo lugar estando al mando del centro de detención, ordenaba sacar con un pañuelo rojo al cuello a los detenidos que tras la tortura iban a ser eliminados y a los cuerpos muertos de los que no habían podido aguantar los tormentos. Durante años, Esteban acudió a su cita a las puertas de la casa, pero sin éxito; había perdido a su hijo y a su nieto, pero se consolaba con no sentir la angustia de los familiares de los desaparecidos porque él sí sabía dónde estaba Horacio. Sabía que estaba en la *escuelita*.

Caja de bombones

Conocí a Ludmila en una cama de hospital: yo era su ginecólogo y al vernos por primera vez percibí en ella un sentimiento de miedo, desconfianza y desprotección. Estaba embarazada y acababa de salir de un coma prolongado en el que por las pruebas habituales se la había considerado con muerte cerebral; pero tras la sorpresa que la ciencia y la vida nos depara a veces, estaba ahora ella frente a mí, lúcida y consciente de su situación.

Aunque no podíamos hablar entre nosotros por expresarnos en lenguas diferentes, nos entendimos desde el primer día. Ella tenía un rostro pálido, triste y una delgadez extrema; presentaba problemas para la marcha e incontinencia parcial de esfínteres. Había perdido también un ojo en aquel fatídico accidente que sufrió en esa carretera secundaria de la serranía andaluza. Con frecuencia, las personas tenemos momentos o situaciones que cambian nuestras vidas: el accidente de tráfico de esa noche fue su momento crucial. Había llegado de Ucrania un año antes joven, bella y con deseos de mejorar su vida y la de su familia que habían quedado en aquel país tan lejano del nuestro por distancia, historia e idioma; ahora estaba físicamente minusválida y en una soledad extrema. Esperaba un hijo no deseado y al que dejaría en acogida por los servicios sociales de España.

Durante las semanas que estuvo en el hospital no recibió ninguna visita ni llamadas ni cartas. La mayoría de las personas que la atendían la trataban bien y llegaron a tenerle verdadero afecto. Ludmila siempre estaba callada y su comportamiento era prudente; su mirada, triste y parecía sin esperanza alguna. Cuando yo llegaba a su habitación para pasar mi visita médica diaria la solía encontrar leyendo un libro sin tapas y hasta creo que siempre estaba en la misma página. Nos comunicábamos de maneras diversas: de ese modo me enteré de que se trataba de una novela de amor escrita en su lengua y esta era quizás la única pertenencia que ella poseía. Decidí regalarle un libro para que le ayudase a transcurrir las largas y vacías horas que debía pasar en el hospital, pero me advirtió de que no sabía leer en español.

Le programamos su parto y tras el nacimiento de su hijo pasó este a adopción. Ella no quería hablar del tema, pero se le notaba la curiosidad que tenía por saber cómo era su hijo y qué sería de su vida. A la semana del parto, los servicios sociales programaron su repatriación porque era una inmigrante ilegal.

La mañana anterior a su partida estaba seria, pensativa y ausente; quizás hacía un balance de todo lo que vivió desde que salió de su país: la esperanza, el miedo, la incertidumbre y la frustración. Ahora todos esos sentimientos propios de las personas que emigran se encontraban ahondados por su situación particular. Las enfermeras la vistieron, le regalaron algo de ropa dado que no tenía nada personal y la maquillaron para ponerla «guapa», palabra que ella repetía con un acento extranjero que nos causaba gracia y simpatía. La policía la recogería por la mañana para llevarla al aeropuerto; unos minutos después de recibir esa información desapareció de la planta. Cuando todos pensábamos que había huido para evitar la dolorosa repatriación, la vimos aparecer caminando con dificultad por el pasillo. Se acercó a nosotros, que estábamos en el control de enfermería, y en un idioma que no entendimos nos dijo algo con una voz dulce y agradecida. Nos entregó una pequeña caja de bombones y balbuceó un gracias mientras unas lágrimas recorrían su rostro. Al día siguiente ya no la vi: había vuelto a su país.

A menudo recuerdo a Ludmila: su mirada, su soledad, sus lecturas repetitivas y me pregunto qué será de su vida. La inmigración es a veces en sus diferentes facetas muy dolorosa y requiere comprensión, apoyo y afecto, estas actitudes solidarias con cierta frecuencia suelen estar ausentes en muchas personas agraciadas por su derecho de cuna o de origen. Ludmila, deseo que algún día puedas ser más feliz de lo que fuiste aquí. Mucha suerte.

Recuerdos de un hombre bueno

Con el paso de los años me cuesta más trabajo encontrar a un hombre bueno. Sin embargo, de pequeño tuve suerte y lo encontré pronto: ese hombre fue mi padre. Él, de niño, ya huérfano y pobre, tomó prematuramente conciencia de la inseguridad de clase, de las limitaciones a las que siempre estaría sometido por su entorno, por el país en el que nació y por los avatares históricos que rodearon su existencia. A pesar de tener una educación rígida, limitada y casi autodidacta, tenía una inconmensurable avidez de conocimiento y tolerancia, y una gran estima por las libertades que se escriben con mayúsculas y minúsculas. Le brotaba la solidaridad y el respeto hacia su prójimo: cauto, vital, honesto, trabajador y respetuoso de la intimidad y derechos de los demás, vivió para que sus seres queridos y los de su entorno tuviesen lo que él había carecido.

Como hijo, recibí cariño, afecto, respeto, comprensión, apoyo y empuje para lograr metas a él vedadas; me enseñó el valor de la libertad, de la tolerancia, el rechazo de la violencia y el afán de conocimiento. Siempre estaba ahí. Cuando me hice mayor, me expresaba con dificultad los sentimientos y creo que adopté ese defecto. A pesar de todo nunca dudé: sabía que su cariño era el mismo que cuando de niño me cogía en brazos, me besaba o me llevaba de la mano al fútbol, al circo o al cine, o cuando acudía orgulloso a recoger mis notas al colegio. Por mi ideología tuvo que soportar miedos, marginaciones e incertidumbres aún mayores que las que su propia vida le había deparado y más tarde por mis circunstancias personales vino la distancia, la separación, pero nunca el olvido.

Los últimos años los vivió mal: por su enfermedad degenerativa fueron destruidos y ocupados en su cerebro los sustratos de su agilidad física y mental, y esta fue transformándolo en alguien necesitado, dependiente y decadente. Su trayectoria vital sabia, sana, diáfana y volcada hacia los demás, bañada de extraordinarios sentimientos imperfectos como suele ser el amor humano, me ha dejado una impronta cerebral que me impulsa a tratar de ser mejor. En su final, yo, su hijo, estuve lejos, muy lejos; soledad, soledad final. ¿Buscaría y necesitaría en los últimos momentos de su vida la figura y presencia de su hijo ausente? No lo sabré nunca, pero esa incógnita hiere mi alma. Tan acostumbrado a la distancia y a la separación, me parece que aún está vivo.

Adiós, papá; gracias. Hoy sigues conmigo. Hasta siempre.

Obviedad

No es lo mismo estar sano que enfermo, tener trabajo que carecer de él, estar solo o en compañía, ser joven o anciano, tener muchos proyectos o solo los de retrasar la vejez; en fin, todo esto y muchas cosas más pueden hacer que al leer una brillante obra literaria la podamos sentir, apreciar o degustar de forma diferente.

Lo anterior parece una obviedad y lo es: pensaba en todo esto cuando desde la ventana de mi dormitorio observaba el día gris, frío, ventoso y con escasa luz que se filtraba dentro de mi hogar mientras leía una novela que unos años antes me había conmovido por su belleza y profundidad. En aquella oportunidad la había leído bajo la intensa luz del sol de julio en una playa que irradiaba vida y teniendo a mi lado a mis hijos, aún pequeños, que alternaban sus juegos y baños con la lectura, que a ellos siempre les había atraído. Somos química del Big Bang, pero inestable, y esta se traduce en nuestros sentimientos reflejando diferentes niveles de serotoninas, dopaminas y otras moléculas que nos alejan o acercan a momentos de felicidad. Quizás hoy tendría los niveles alterados, ya que dejé con disgusto la relectura: hoy no era como ayer.

En esos momentos sonó el teléfono: eran mis dos entrañables amigos que me llamaban desde otro continente. El sentimiento genuino de la amistad reequilibró los neurotransmisores. Ellos estaban de vacaciones de verano y yo desde aquí en invierno y en mi rutina apática los escuchaba. Tras colgar el teléfono, me sentí más animado y retomé la lectura: ahora sin duda me gustará. Pensé que mis amigos disfrutarían al leer esta obra sobre todo en el ambiente cálido y festivo en el que estaban;pero eso no es todo, ya que en este ambiente invernal empujado por los sentimientos de la amistad comienzo ya a disfrutar otra vez de la magia de la literatura.

Hay muchos factores que nos hacen percibir diferente la realidad, por ello según las circunstancias que nos rodean podemos sentir de un modo u otro. No es lo mismo…, ¡vaya obviedad!

Llegamos, nos vamos

Llegamos solos a la luz, al frío, a los ruidos sin atenuación;
más tarde crecemos y nos vinculamos a los demás,
sentimos la compañía, el afecto, el cariño,
aunque a veces también el rechazo, el dolor y la desesperación.
Nos independizamos, creemos saberlo todo,
acertamos y nos equivocamos,
damos y recibimos.
De pronto, nos damos cuenta de que otra vez volveremos al frío,
a la oscuridad, a la soledad, a la nada;
ni siquiera hemos hecho balance de lo vivido y ya nos vamos
una vez más, otra persona más.
Tiempo, tiempo, tiempo…

Respuestas falsas

Juan caminaba la otra mañana camino del autobús cuando se encontró con Carmen. Ella había sido su jefa en la oficina en la que ambos trabajaron durante muchos años: habían compartido muchas cosas tanto laborales como personales. Se saludaron con un beso y tras decirse lo bien que se conservaban se preguntaron uno al otro cómo estaban; casi sin esperar a la respuesta: «¿y el resto de la familia?». Los dos respondieron al unísono que bien, todo bien… Luego, manifestaron la alegría del encuentro y se despidieron marchándose uno por cada lado.

Cada cual por separado, se fueron pensando sobre la falsa respuesta que habían dado a la pregunta «¿cómo estás?». Ambos sabían que era coloquial y no cabía otra forma, pero en realidad a Carmen le hubiese gustado contarle que no estaba bien, que cada día notaba como su cuerpo perdía funciones y limitaba su autonomía; también le hubiera gustado decirle que estaba angustiada por la incomunicación con su hijo y la soledad que le esperaba en los próximos años. Juan igualmente hubiese preferido compartir con su amiga que estaba deprimido, que se llevaba mal con su mujer, que tenía que mantener a sus hijos porque estaban en el paro y que iba perdiendo visión y la posibilidad de leer que era uno de sus únicos placeres atesorados para su jubilación.

Habían pasado solo diez minutos del encuentro en el que se habían saludado y Carmen, tras reflexionar sobre su respuesta, abrió su bolso, extrajo el teléfono y llamó a Juan. Fijaron un encuentro para el día siguiente para hablar de verdad y compartir sus penas y alegrías.

El hombre menguante

Prefiero escribir esta experiencia en mi diario, ya que si se la contase a alguien pensaría que había vivido una alucinación o algún fenómeno extraño. Todo comenzó cuando, después de unos años, retomé el contacto con Eduardo, mi viejo amigo y compañero de trabajo; como suele ser en esta época, recuperé esa relación por las redes sociales.

A partir de aquel momento, comencé a recibir correos o wasaps de mi amigo todos los días, pero cuando leía los temas que me enviaba pensaba que no provenían de él, sino que eran de otra persona que lo había sustituido. Mi amigo había sido una persona inteligente, abierta, apasionada, pero razonable: lo recuerdo amable, solidario y con una gran capacidad de trabajo. El Eduardo actual, o al menos quien me escribía ahora, era un individuo fanatizado, prejuicioso, ignorante, incapaz de ver con imparcialidad las cosas que ocurrían en nuestra sociedad. Empleaba en sus escritos el mismo lenguaje que los agresivos charlatanes que hoy se escudan tras los tuits y destilaba odio a todo el que contrariara su visión ultraconservadora y mezquina.

Estaba yo tan desconcertado con ese cambio que decidí quedar con él para charlar tomando un café como años atrás lo hacíamos. Mi sorpresa fue gigantesca cuando lo encontré sentado en aquella silla del bar: había empequeñecido de tal modo que sus pies no alcanzaban el suelo. Al verlo, recordé una mediocre película vista en mi infancia que se llamaba *El increíble hombre menguante*; quedé tan impactado por su aspecto que en mi visión se superponían la silueta de mi amigo con el personaje de aquella película. En ese filme, los cambios se habían producido al contactar con una nube misteriosa: me pregunté entonces si mi amigo estaba cambiando por otra nube, pero esta quizás de odio e intolerancia. Lo más llamativo era que él no hizo ninguna referencia a su estado diminuto actual y tampoco noté que el camarero o las otras personas que había en aquella cafetería tuviesen algún gesto especial ante el aspecto de Eduardo. Tenía la talla de un niño de siete años y la coloración de su piel era de una palidez extrema; su pelo era escaso, quebradizo y parecía casi incoloro.

No supe qué hacer: estaba tan confundido que no me atreví a preguntarle por su estado; hablamos sobre antiguos amigos comunes. Su voz era apenas audible entre los ruidos de aquella cafetería. Al poco tiempo, me marché, ya que Eduardo me parecía un desconocido no solo por su aspecto físico, sino por sus pensamientos y razonamientos extraños. Mentí sobre una cita urgente que tenía y salí rápidamente a la calle. Sin embargo, no pude dejar de pensar en él e intentaba encontrar alguna explicación a lo que había visto.

Esa noche vi en Youtube *El increíble hombre menguante*. Pensé que si alguien leía este escrito, también vería esta película buscando allí las similitudes o explicaciones de lo que le pasaba a mi amigo. Después, ya no pude dormir.

A la mañana siguiente, en mi móvil tenía casi una decena de mensajes de Eduardo aún más radicalizado que antes: parecía un ser incapacitado por el odio sectario que se evidenciaba en sus escritos. Durante semanas no supe qué hacer hasta que decidí volver a verlo y exponerle mis pensamientos sobre sus cambios tanto físicos como intelectuales.

Tardó unos días en aceptar mi visita. Cuando llegué a su apartamento, la puerta estaba entreabierta: llamé y al no tener respuesta decidí entrar. Todo el mobiliario de la casa estaba acondicionado para un ser muy pero que muy pequeño. Sobre una mesa solo encontré sus instrumentos de trabajo, el ordenador, el móvil y una desgastada libreta de notas donde había un listado de películas antiguas; creí que mis percepciones estaban sesgadas por mis tendencias hacia lo fantasioso o novelesco. En un sillón dormitaba un gato de Angora. Su biblioteca estaba vacía y rota. No había nadie más en casa; en su silla solo había unos residuos que parecían pequeñas gotas de sangre. Recorrí varias veces las habitaciones de aquel pequeño apartamento: llamaba a Eduardo, pero no obtenía respuesta. Instantes después, comencé a dudar si alguien con una voz muy baja y tenue me llamaba por mi nombre, pero no vi a nadie. Sentí miedo. ¿Me estaría yo volviendo loco? Tras esperar un rato, me marché precipitadamente, muy preocupado y temeroso de que hubiese ocurrido algo; pero me sentía impotente, confuso y no hice nada.

Tras varias semanas, regresé a su casa y me encontré con unos nuevos ocupantes: no supieron darme ninguna explicación sobre Eduardo. Nunca más volví a recibir sus correos ni mensajes. Durante meses sentí un desasosiego intenso cada vez que pensaba en él. Trataba de apartarlo de mis pensamientos hasta que al fin lo logré.

Pasado ya un tiempo, una noche tras la cena, puse la televisión: había un programa de cine de películas de otras épocas. Cuando vi que se exhibían *El increíble hombre menguante* sentí una angustia desgarradora pensando en mi amigo; apagué la televisión y salí a la calle. Sentí terror al ver lo gigantesco que era todo lo que me rodeaba. Me costó bajar los escalones de mi escalera. No pude más: regresé a mi casa y me escondí en un cajón del armario. Ahora estoy esperando que alguien venga en mi ayuda. Como sé que no podrás evitarlo, te dejaré el enlace de la película *El increíble hombre menguante*, aunque luego te arrepentirás de haberla visto: https://youtu.be/u5adQNjNP94

Crispación

Como era ya una costumbre, Fernando se reuniría esa noche con sus hijos para celebrar el Día del Padre. Aquella cena familiar casi se había institucionalizado entre ellos, ya que eran, junto a las Navidades, los únicos momentos en que se sentían obligados a estar juntos.

Ese día él tenía un programa muy apretado, pero incluso había cancelado un par de reuniones para terminar a tiempo y poder llegar a su casa a esperar a los invitados. La tarde anterior había encargado la cena y su empleada doméstica la recogería y se la dejaría preparada para cuando llegaran sus hijos. Aunque ellos eran mayores, ya que Marta tenía treinta y tres años y Carlos veintinueve, él aún recordaba las preferencias y gustos que estos tenían por algunas comidas y pensó sorprenderles con recetas culinarias que les recordarían momentos de su infancia y juventud. Hacía ya más de quince años que él se había divorciado y sobraban los dedos de las manos para contar las veces que se había reunido con sus hijos a la vez: a Carlos, el menor, lo veía con más frecuencia y conversaban sobre todo de política, dado que coincidían plenamente en casi todas las opiniones; sin embargo, no trataban ningún tema íntimo o personal. En ocasiones, aunque también se sentía halagado por ello, le preocupaba que su hijo se identificara tanto con sus posicionamientos políticos y morales, ya que pensaba que no tenía personalidad propia, sino que imitaba la suya; lo veía como un espejo de sí mismo: los rasgos intransigentes, torvos, dogmáticos, inclementes que reconocía en su personalidad los veía también en la de su hijo, y quizás últimamente más pronunciados.

Para Carlos, igual que para él, no existían adversarios políticos, sino enemigos a los que había que doblegar de cualquier modo. Sus técnicas contundentes, tan estudiadas y programadas que desarrollaba día a día en la prensa y en la radio, que eran ahora su hogar, le permitía afianzar sus intereses económicos e ideológicos y lo hacían sentir muy importante y querido, al menos por sus intransigentes y fanáticos seguidores. En sus labores diarias empleaba como ingredientes cotidianos las mentiras, las medias verdades y el desprestigio del adversario, aderezándolo del contenido emocional adecuado para lograr un ambiente de crispación creciente y odio que él mismo había empezado a descontrolar. Esa actitud de hostilidad enfermiza hacia todo lo que ponía en su punto de mira le facilitó muy buenos réditos económicos, aunque favoreciese a sectores a los que en décadas pasadas había denostado. Días antes, al visionar un vídeo de unas manifestaciones callejeras en su ciudad, identificó en este a su hijo: se sorprendió y se quedó muy preocupado al verlo comportarse como un energúmeno violento. Pensó si ese comportamiento tenía algo que ver con el clima que él contribuía a crear en el día a día de su trabajo, pero sus reflexiones fueron interrumpidas por una llamada telefónica que terminó con una nueva cita en la agenda. Se levantó del sillón y se dirigió con prisa hacia la mesa de su secretaria; le indicó que no recibiría a nadie más y se marchó a su casa a preparar la cena familiar.

Marta había llegado aquella mañana. Ahora vivía en Valencia y, aunque le desagradaba volver a Madrid, dado que relacionaba la ciudad con recuerdos poco felices, decidió acudir una vez más a la reunión familiar. El año anterior se había marchado enfadada y dolida, ya que las conversaciones que entonces había tenido con su padre y su hermano se habían desarrollado en medio de un ambiente de hostilidad, agresividad y falta de respeto que ella se había prometido no volver a tolerar. Estos, al parecer, no la entendían y les irritaba enormemente que no le interesase la política del día a día y que rehuyese a entrar en discusión sobre temas que, por el contrario, a ellos parecía darles la vida. De hecho, les daba la vida, pensó, porque dependían económicamente y prosperaban por sus actividades políticas; pero también en el terreno emocional y afectivo, sin duda, les aportaban un impulso vital.

Marta era licenciada en Historia y daba clases en un instituto. Su pareja, que era varios años mayor que ella y divorciado, también como su padre, era un militante ecologista que además defendía casi todas las reivindicaciones de progreso social. Vivían muy austeramente y rehuían el ruido social producido por la política actual, precisamente allí donde su padre era uno de los responsables de la gran crispación que se creaba a través de los medios de comunicación. No hablaban desde hacía tres meses cuando por teléfono discutieron al negarse ella a asistir a la presentación de uno de sus libros. A pesar de aquello, decidió acudir a la cena del Día del Padre, como ya era una costumbre de la familia o de lo que quedaba de ella. Temía una vez más salir defraudada y triste, pero aún más temía al enfrentamiento con su hermano dado que este la trataba últimamente con rudeza, incomprensión y hasta odio.

Cuando meditaba sobre ese sentimiento, por contraste le vinieron a su mente recuerdos de su infancia cuando ella y su hermano jugaban juntos, eran compañeros inseparables y casi no podían estar uno sin el otro. Reflexionó sobre qué les había ocurrido a todos: ¿qué había destruido los buenos lazos afectivos familiares? Pensó que la política se había colado como un veneno entre ellos superando los recuerdos tiernos de la familia que aún quedaban en su mente. Unas lágrimas asomaron en los ojos de Marta mientras en un taxi se dirigía a la casa de su padre.

Carlos esa mañana se levantó tarde: había pedido unos días de permiso en su trabajo porque se encontraba algo cansado y porque en el fondo le disgustaba su profesión. Compartía bufete con unos abogados a los que detestaba y además pensaba que estos estaban tramando algo contra él. Tenía previsto ir a comprar un regalo para su padre, aunque aún no había decidido qué: pensó en un libro, pero temía su juicio hipercrítico y optó por un disco de música clásica, ya que consideró que podría superar con más éxito el nivel de exigencia de su progenitor.

Aquella noche deseaba congraciarse con su padre y pensó que hacía tiempo que no le decía lo mucho que le admiraba y quería también expresarle lo importante que era para su persona. Pensó en ese momento en cómo era posible que su padre en otras épocas de su vida hubiese escrito esos artículos que sus compañeros de bufete, para desprestigiarlo, le habían hecho llegar a su despacho. Cambió su semblante y se endureció su rostro al pensar que vería a su hermana: se había distanciado de ella hacía ya mucho tiempo y cada vez la entendía menos; odiaba su forma de ser, sus ideas y, además, en su persona veía reflejada a otras tantas que detestaba en el día a día de su militancia política.

Cuando aquella noche llegó Marta a la casa de su padre, su hermano ya estaba allí: conversaban los dos sentados en el sofá del salón. Al entrar, Carlos balbuceó un saludo, pero no se incorporó ni hizo ademán alguno de olvido o reconciliación por el desencuentro de la cena anterior; Fernando, en cambio, estaba jovial e intentaba pasar un momento agradable con sus hijos. Como conocía cuáles eran los temas que les enfrentaban, evitaba cualquier conversación relacionado con ellos y hablaba sin parar pasando de una cuestión a otra evitando los riesgos del silencio. Carlos y Marta no se dirigieron la palabra, pero momentos antes de abrir los regalos que habían llevado a su padre, saltó la chispa que provocó el incendio.

Tras una alusión que hizo Fernando sobre la guerra de Iraq, Marta con cierto temor y gran inseguridad por lo que podía ocurrir, manifestó que no estaba de acuerdo con las opiniones de su padre; fue entonces cuándo Carlos se puso de pie y, descontrolado y vociferando, se dirigió hacia Marta. Agitando el puño frente al rostro de su hermana, la insultó: «¡Roja! ¡Puta!», y, vaciándole en la cabeza una copa de champaña con la que estaban a punto de brindar, se marchó con la cara transfigurada de odio dando un estruendoso portazo que contrastó de forma abismal con el silencio impotente que invadió la casa a continuación. Transcurridos unos minutos, Fernando intentó hablar, pero Marta se lo impidió. También ella se dirigió hacia la puerta y se marchó con los ojos vidriosos, sintiéndose vejada y humillada. Esa noche percibió que la relación con su familia se había acabado definitivamente.

Fernando quedó solo; permaneció varias horas sentado en el sofá del salón mirando con tristeza y dolor un portarretrato que tenía encima de la mesa y que contenía fotografías de sus hijos cuando eran pequeños.

Goya en mis pesadillas

Aunque es muy difícil saber cómo y por qué se producen los sueños, en algunos casos, como es el que os voy a contar, sí tienen una fácil explicación. Algunos dicen que las preocupaciones del día afloran retocadas durante la noche y creo que es lo que a mí me ocurrió hace unos días.

Me había acostado muy preocupado por lo que pasa en nuestro entorno cercano y en el mundo en general: aquella noche había visto las noticias en televisión y también había hojeado el periódico. Finalmente, me quedé dormido y unas horas después estaba transportado a una realidad onírica: tenía la sensación de estar recorriendo los pasillos y galerías de un conocido museo de Madrid. No sé por qué iba yo en una silla de ruedas como si estuviese discapacitado. Todo el ambiente estaba en penumbra y muy solitario.

Al acercarme a una de las salas, se encendieron de pronto las luces en el interior de la misma. Entré con cautela sin dejar de leer antes el cartel que había a la entrada: «Goya en el siglo XXI». Me adentré en una sala inmensa. En una de las paredes estaban *Los caprichos* y en la del frente, *Los desastres de la guerra*. Lo sorprendente y por lo que en el mismo sueño tuve la sensación de vivir una pesadilla ocurrió al ver los cambios que se producían en los rostros de las figuras de la obra del aragonés: las caras horrorosas, viles, desagradables y bastas de sus grabados habían sido sustituidas y con un color muy realista por los rostros de algunos políticos nacionales e internacionales actuales. Todos ellos simbolizaban en los grabados la sinrazón, la ignorancia, el fanatismo, la arrogancia, el desprecio al conocimiento y al entendimiento humano. Estas imágenes clásicas del maestro Goya, ahora transfiguradas, salían de los cuadros como hologramas de color y me perseguían; traté de huir en mi silla de ruedas, pero volcó y tras un estruendo intenso me desperté y ya no pude volverme a dormir.

Por la mañana, mientras desayunaba, encendí la radio para oír las noticias. Otra vez lo mismo del día anterior: políticos que amenazan, otros que rompen pactos, y también la novedad de la gobernabilidad telemática. Recordé con desasosiego el sueño de la noche anterior. Todo parecía volver a lo habitual de la realidad cotidiana, pero fue en ese instante cuando oí la noticia del museo del Prado y quedé estupefacto: habían decidido retirar *Los caprichos* y *Los desastres de la guerra de Goya*, ya que habían sufrido un inexplicable y repentino deterioro los rostros de las figuras representadas. Unas horas después tuve un accidente doméstico, por lo que me instalaron en una silla de ruedas durante un tiempo.

Decidí no contar a nadie mi sueño, por eso lo vuelco en mi diario personal y espero que nadie lo lea. Me parece que tendré que olvidarme unos días de la realidad para volver a dormir más tranquilo.

La segunda luna

Estaba frente al ordenador desde muy temprano intentando escribir un cuento relacionado con las Navidades. Entonces, le asaltaron muchas dudas: no sabía si tenía cualidades para escribir, aunque recordaba que de joven se le daba muy bien. También pensó que él había cambiado muchísimo desde entonces; se preguntaba si estaba perdiendo el tiempo y si debía dedicarse a sus verdaderas obligaciones. Era consciente de que ese día lo tenía lleno de actividades, pero, aun así, quiso destinar unas horas a ese relato que le daba vueltas en su cabeza. Se sentó en su vistoso escritorio y escribió.

★★★

Tras doce horas de trabajo intenso, Lola descansaba en aquella vieja mecedora mientras leía las noticias atrasadas en un periódico amarillento; era un anochecer caluroso y húmedo en esa tórrida región de Centroamérica. En su cerebro confluían los recuerdos inmediatos de las personas enfermas y desfavorecidas que había atendido esa tarde en el dispensario, las reflexiones íntimas sobre el sentido de su vida y las sensaciones que le producían las desalentadoras informaciones que repasaba en la prensa. Recordaba que en ese mes de diciembre haría treinta y dos años que había dejado su Ávila natal; en ese pequeño y casi desconocido poblado de América había transcurrido su juventud y se había hecho una mujer madura. El cambio tan radical que había sufrido su personalidad y sus creencias durante ese tiempo habría sido inimaginable cuando junto a su congregación cristiana decidió la partida hacia el nuevo continente: llegó monja, después se hizo enfermera, se enamoró y tuvo hijos a los que perdió en una de las ya olvidadas guerras del país de adopción.

Cada día de su vida, Lola se sentía más sensible con el dolor de sus semejantes, lo cual la llevaba a fortalecerse e impregnarse de los principios cristianos que guiaban su existencia. Su semblante siempre transmitía fuerza, esperanza y solidaridad con los que sufrían, nunca se dejaba abatir por las adversidades ni la tristeza, pero ella interiormente notaba que algo estaba cambiando en su interior. También, a medida que había pasado el tiempo y casi sin darse cuenta, se había ido alejando y oponiéndose a la jerarquía de la iglesia, a sus ritos, a sus dogmas y a su hipocresía y doble moral.

En esos primeros días de diciembre cuando ella mentalmente repasó la situación de los seres humanos en el mundo actual, pensó que una vez más se repetirían las mismas Navidades que venía observando año tras año en muchas regiones del planeta. En ese mes de fiestas en las que se hablaba de deseos de paz y felicidad, la realidad era diametralmente opuesta, ya que gran parte de las personas vivían sus relaciones con crueldad, egoísmo e insolidaridad: no se veía al prójimo como a un hermano, sino como un competidor a abatir; no se toleraban los defectos de los demás, las diferencias ni las ideas distintas; la gente vivía crispada y parecían necesitar la crispación, que les hacía ver a su prójimo como a un enemigo.

Ella observaba cómo los pensamientos instrumentalizados a través de la mayoría de las religiones que decían hablar en nombre de Dios con frecuencia solo servían para oscurecer la mente de las personas, enfrentarlas a otras y, más aún, culpabilizarlas si no se seguían los valores que se instauraban como normas. Contempló la realidad actual y se quedó con una sensación triste y afligida: recordó nacionalismos excluyentes, violentos; abominó de los que empleaban a Dios como bandera para la aniquilación de los débiles y los indefensos, y constató en el hombre el olvido del amor al prójimo, la tolerancia, la sencillez de vida y la justicia. La falta de la última era lo que la tenía más consternada: sabía que millones de seres humanos, muchos de ellos niños, morían por hambre y enfermedades evitables producto del desigual reparto de las riquezas; sufría por la impunidad del mal y la entronización de la mentira como arma de los poderosos para engañar a las personas y llevarlas a guerras que solo provocaban más sufrimientos y odios. Lo que la indignaba aún más era saber que muchos de esos genocidios se realizaban en nombre de Dios o de alguna religión. Se lamentaba por los comportamientos tribales, xenófobos y racistas, y casi más doloroso le resultaba cuando esas conductas las veía en personas que decían seguir su mismo credo. Sufría por las riquezas e intolerancia de la iglesia a la que ella pertenecía, se avergonzaba del papel de esta en las guerras, en la Inquisición, en el rechazo del progreso y en el apoyo a tiranos fratricidas. También repudiaba la marginación de la mujer dentro de la sociedad y por la propia jerarquía eclesiástica; pero lo que le producía más dolor y rabia era observar cómo a menudo su iglesia miraba hacia otro lado ante el verdadero sufrimiento de las personas y, sin embargo, buscaba confrontaciones con los poderes civiles para defender prebendas y privilegios mundanos, tan alejados de los valores que cimentaron los comienzos del mensaje cristiano.

Pero Lola ya no pudo más. No pudo más y decidió cambiar una vez más su vida. Solicitó permiso al grupo cristiano al que pertenecía y se marchó al lugar que ella pensaba que más la necesitaban: comenzó a trabajar en Gaza en un campo de refugiados palestinos. Sin que ella supiera cómo y por qué, se produjo un cambio abismal en su persona, en sus sentimientos y en su carisma. De forma también mágica e inexplicable, todas las personas de buen corazón que rodeaban a Lola fueron contagiadas e imbuidas de una fuerza solidaria y fraternal imparable.

Más tarde esto se expandió a todos los rincones del planeta: Lola se reunió con hombres, mujeres, niños, sabios e ignorantes, pobres y también con algunos ricos; se abrazó con misioneros y sanitarios que trabajaban en los sitios más pobres y olvidados del planeta. Nadie sabía por qué ni cómo, pero desde que ella inició esa actividad disminuyeron las guerras, las injusticias y las desigualdades en la Tierra. Las fuerzas del mal también se dieron cuenta de eso e intentaron detenerla, pero no podían dar con ella: desaparecía y reaparecía en otro continente expandiendo su mensaje de paz, justicia y solidaridad similar al de Jesús hace dos mil años. Los apóstoles que a ella la acompañaban eran muy diversos: había de todas las razas, de todas las creencias; las mujeres eran las más activas. Había también militares que habían desertado de sus ejércitos, científicos, poetas y muchos, muchos pobres; y la iglesia a la que ella hasta ahora había pertenecido la censuró y la tildó de loca radical.

Entonces, el mundo comenzaba a cambiar: se sentía en el estado de ánimo de las personas de buen corazón, en los que sufrían y en los que vivían con la solidaridad como motor de sus vidas. Cuando hablaba con sus seguidores, lo hacía con sencillez y transparencia; hablaba de esa realidad y no del más allá. Censuraba a las diferentes iglesias que daban sus verdades como absolutas e insistía en que los verdaderos protagonistas de los cambios eran los propios hombres y mujeres, dado que tienen las capacidades necesarias para intentar ser felices. Su presencia en el planeta fortaleció al bien frente al mal; inclinó a los indecisos hacia el buen hacer. No realizó milagros, pero sin saberse cómo ni por qué, cesaron las confrontaciones, las torturas, las persecuciones; los enfermos mejoraron y los pobres sintieron la llegada de la justicia. Una alegría real y sincera impregnó los espíritus de las personas que olvidaron fronteras y las diferencias de razas y de lenguas; pero el mal no se rendía y decidieron tenderle una trampa para deshacerse de ella.

La invitaron a una reunión y asistieron al encuentro todos los poderosos de la Tierra. Sus seguidores la advirtieron del peligro que la acechaba; ella asintió dando a entender que lo sabía y quiso asistir sola a esa cita perversa. El encuentro se celebró en una fortaleza y la reunión se prolongó durante siete días, pero de los que allí entraron nadie volvió a salir. Millones de sus seguidores estuvieron concentrados alrededor de esa ciudadela del mal para protegerla, acompañarla y conocer el resultado de ese encuentro de interlocutores tan antagónicos. De repente, al anochecer del veinticuatro de diciembre, sintieron en sus mentes y en sus corazones la despedida de Lola.

En el momento en que el sol desapareció por el horizonte, ocurrió un fenómeno que conmocionaría al mundo dividiendo la historia de los humanos en un antes y un después. En ese anochecer se produjo un estruendo de tremendas dimensiones acompañado de un temblor que sacudió las entrañas de todos los seres vivos a miles y miles de kilómetros de ese epicentro: dio la sensación de que la Tierra modificaba su giro deteniéndose unos segundos. La fortaleza donde se celebraba la reunión se elevó hacia el cielo rodeada de un halo de fuego y a medida que se alejaba en el espacio se le iban agregando trozos de otras geografías donde imperaba el mal. Ese conjunto que transmitía una imagen aterradora, se fue alejando y alejando cada vez más hasta quedar finalmente girando alrededor de nuestro planeta como una segunda luna: la luna oscura, la luna del odio, la luna del mal. Desde aquel momento y tras un silencio sepulcral que nadie supo precisar cuánto duró, todos los hombres y mujeres se sintieron aliviados de la maldad.

A partir de aquella Navidad, las personas reiniciaron sus vidas con más optimismo y humildad. Al mirar por las noches a esa segunda luna que está en el firmamento como símbolo de lo más negativo de los seres humanos, la mayoría de los individuos reflexionan sobre sus defectos y limitaciones. Su visión hace pensar en el egoísmo, la envidia, la soberbia, la avaricia y la insolidaridad; pero sobre todo ayuda, al parecer, a que los humanos aprendan a no mentirse a sí mismos.

Lola desapareció de las calles, de los campos y de las ciudades de la Tierra, pero se sabe que su mensaje ha calado muy hondo porque se ha restablecido el valor de la bondad y la solidaridad. Nos ha enseñado a las personas a mirar en nuestro interior con sinceridad, identificando y descubriendo los rasgos de la maldad que a veces anida, sin que queramos ser conscientes de ello, en nuestras mentes y en nuestros corazones. Después de aquel diciembre, el mundo ha mejorado y ha resurgido la esperanza; solo nos falta acostumbrarnos a ver la segunda luna en el cielo nocturno, aunque también se dice que solo la pueden encontrar los buenos de corazón. ¿Tú la ves?

★★★

Tras terminar el último párrafo, lo releyó dos veces. En su cara se reflejó la insatisfacción, quizás no solo por la forma, sino sobre todo por el contenido: le recordó el idealismo y la utopía que él perseguía de joven cuando decidió ingresar en el seminario. Evidentemente, por su situación actual, este tipo de relato fantástico para las Navidades no era lo adecuado; aun así, se preguntó por qué lo escribía.

Cuando sus pensamientos comenzaban a perderse en unas reflexiones angustiosas, se escuchó el claxon del coche oficial que venía a recogerlo para la reunión con los demás obispos. Hoy le esperaba un día duro: debían diseñar la estrategia contra la política del gobierno actual que intentaba recortarles el poder en la enseñanza y el dinero para las instituciones eclesiásticas. También debía dedicarse con ahínco a pensar en medidas que obstaculizasen las intenciones del estado de igualar en derechos a un colectivo perseguido desde siempre como era el de los homosexuales o a seguir condenando a las mujeres a los abortos clandestinos.

Arrancó el relato escrito de su cuaderno de notas, lo estrujó en sus manos y lo lanzó a la papelera. Seguidamente, se ajustó el alzacuello, cogió su maletín y dejando tras de sí su confortable y cálido despacho se dirigió a la calle. Lloviznaba en aquella fría noche de diciembre y, antes de subir al coche, monseñor miró hacia el cielo y comprobó que había solo una luna. Con un rostro disgustado, dio un portazo y mandó arrancar al chofer.

Derrota

En un cruce de caminos en el tiempo, nos rozamos. Era ella inteligencia, fuerza, lucha, ambición, determinación. Pensé entonces que se comería el mundo; al parecer, así fue, pero yo no lo supe. Ambos seguimos por senderos diferentes; la conocí con veinticinco años y la busqué otra vez a los sesenta solo por la curiosidad de saber cómo le había ido en la vida. Me horroricé al saber que ya estaba muerta y que había fallecido por un alzhéimer voraz. Ya han pasado meses y aún no termino de aceptar que ese temido enemigo haya podido derrotar a tanta inteligencia y vitalidad. Se llamaba Sonia.

Los espejos y sus figuras

La otra tarde fui a comprarme ropa. Mientras me probaba unos pantalones y una camisa, casi sin proponérmelo, me observé reflejado en el espejo del probador. Aunque a diario uno se mira al espejo, no sé por qué esa vez quedé tan ensimismado. Vi a una persona más vieja, con canas, arrugas y más escuálido; me dije: «El paso del tiempo…». Pensé entonces en los telómeros, los agentes externos, la genética, la fisiología en suma; pero no me bastaron los saberes médicos. Me senté en el taburete del habitáculo y recordé a amigos que ya no están, a mis hijos, a mis padres; en fin, vi que en mi cuerpo estaban también las huellas de lo vivido.

Me marché al rato y aquel día desistí de comprarme ropa. El cerebro estaba viajando en el tiempo.

Ánimos en vaivén

Ninguna terapia psicológica ni los consejos de amigos sensatos ni los manuales de autoayuda me servían para aceptar sin sufrimiento la llegada de la vejez. Por momentos me consolaba el ver que otros estaban mucho peor que yo por motivos de salud, económicos o simplemente por tener más años; me consolaba solo porque era consciente de que aún podría ser peor. Sentía una gigantesca rebeldía, pero sin saber adónde dirigirla: cuando percibía el deterioro intelectual, los déficits de memoria, el ocaso del cuerpo; en fin, la vejez, sufría… «Qué terrible condena», pensaba. Querer correr, amar, conocer, crear, saber, pertenecer, detener… y no poder. Quizás el gran desarrollo cerebral llevó al *homo sapiens* a esta contradicción entre el cuerpo y el deseo. Además de las imposibilidades físicas, estaban las marginaciones sociales sugeridas por el calendario y ejecutadas por el *establishment*.

Sentía el comienzo de la vejez, pero aún no habían llegado sus compañeras: las enfermedades o, al menos, eso es lo que yo creía. Pensaba también que debería estar conforme con lo vivido, otros como yo no habían podido vivir tanto tiempo: accidentes, enfermedades, injusticias sociales y políticas les habían acortado su existencia.

Rumiaba todo lo anterior mientras esperaba el resultado de una prueba diagnóstica de un escáner pulmonar. Un colega, al que yo había ilusionado años antes para que estudiara Medicina, me dio la buena noticia: al menos en esta ocasión, no sería esta la enfermedad que marcaría el final de la vida. Lo estreché en un abrazo y me marché con mi mujer a preparar la cena para mis hijos y nietos, que nos visitarían esa noche.

La luz que percibía esa mañana en las calles me parecía intensa, cálida, esperanzadora. Se esfumó el pesimismo: me sentía afortunado de ir de la mano de mi mujer y de hacer planes para vivir un día más con alegría y optimismo saboreando con placer todo lo visto, conocido y sentido. Al llegar a casa, mi perro salió a recibirme como si él también estuviese aliviado de que no iba a perder a su compañero. Ya en casa nos abrazamos mi mujer y yo, y nos dijimos muchas cosas sin hablar. El broche de oro fue recibir una llamada de dos viejos amigos que estaban a miles de kilómetros de mí, pero también conmigo.

Aquella mañana rejuvenecí y me olvidé del acortamiento de los telómeros y otras reacciones de nuestro cuerpo que, aunque se seguían produciendo, ya no me importaban, al menos ese día.

Pinturas con enigmas (*dreams*)

Me alojaron en la Casa Blanca de Giacometti. Pude verlo todo: el pasado y el futuro; observar, conocer y sentir fueron mis atributos, pero no pude comunicarme. Reconocí a mis amigos y familiares muertos, pero no pude hablar con ellos. Seguía habiendo días y noches, y no entendí por qué debíamos descansar en las noches. Inmensos salones repletos de camas, ¿hacían falta? Estaba mirando desde la ventana de la casa cuando oí una melodía musical: era el despertador. Aún somnoliento y mientras escuchaba a Pink Floyd vi en el cuadro de Alberto cómo se desdibujaba una de las ventanas.

Momentos, tiempo…

Memoria: reconstruyendo el pasado.
17 de junio. Recuerdos y reflexiones. Final de la primavera.

Encuentro

Hace muchos años, un día como hoy, finalizando la primavera, estaba charlando con unos amigos cuando la vi entrar. Mi atención y mi mirada solo se concentraron en ella. Se acercó y saludó a un compañero mío de la facultad; unos instantes después y tras presentarnos, supe que había sufrido eso de lo que había oído hablar: el flechazo del enamoramiento. Nuestras ojos, nuestra piel y nuestro olor parecían fundirse en una atracción tan placentera que a partir de aquel momento establecimos una relación en la que casi no podíamos vivir uno sin el otro. Estábamos todo el día juntos: necesitábamos vernos, tocarnos y hacer muchos planes; los hicimos y los realizamos. Hoy he recordado mis primeras citas con Ana al oír la canción de The Beatles, *Yesterday*, que escuchamos juntos por aquella época. No era nuestra preferida, pero *nos perseguía allí donde fuésemos*. Ese 17 de junio en el que nos conocimos era un día soleado, luminoso, cálido, y al escribir estas notas me faltan calificativos para describir los colores del entorno que impactaban en mi retina, aunque también podría decir «en nuestras retinas», ya que todo lo compartíamos. Hablo de los colores porque desde que nos conocimos el mundo real para nosotros mudó sus tonalidades cromáticas: todo era más intenso y sugería vida. Sin duda y no sé por qué, el verde era el color de la felicidad; el color que ahora impregna mis pensamientos al recordar aquel día también es el verde claro… Miro esa foto de nuestra juventud donde estamos los dos disfrutando de una salida campestre con los amigos.

Biología reproductiva

Así lo llamó una amiga común que teníamos, pero para nosotros fue un impacto emocional de tal calibre que, a pesar de nuestros análisis racionales, no podíamos comprenderlo en toda su amplitud. Tras siete años que ya llevábamos juntos, la rutina diaria se interrumpió con la constatación del embarazo tal cual lo leíamos en el informe del análisis que ella traía en su mano temblorosa para enseñármelo. Todos los segundos de nuestra vida son importantes, pero sin duda hay momentos que representan como un Big Bang emocional: este fue uno de ellos. Fue un periodo, desde aquel día hasta el parto, de proyectos, ilusiones y expectativas también cargadas de las nubes incontables de la incertidumbre. La llegada de nuestro primer hijo, a los que siguieron unos años después otros dos más, cambiaron nuestras vidas y nuestras ambiciones; es decir, equivocados o no, nuestras ambiciones se traducían en deseos de felicidad para nuestros descendientes.

Mi mujer embarazada cuando faltaba un mes para el parto podría representar una expresión de la felicidad: así es la foto que tengo sobre la mesilla.

Vida fuera del hogar

Cada uno de nuestros hijos tienen, como los hijos del todo mundo, sus propias peculiaridades. Fueron buenos estudiantes y también buenas personas; la vida fuera del hogar, es decir, el colegio, sus amigos, fueron, como lo es siempre, un toque formativo para la personalidad de cada uno. En el mayor nos preocupaba su timidez, en la del medio, su excesivo arrojo, y en la menor, su extrema sensibilidad, que nos daba la sensación de fragilidad para el mundo al que se enfrentaba. Hablábamos horas sobre ellos: cómo educarlos, cómo protegerlos, pero sin coartarle la libertad y al mismo tiempo transmitirles valores para ser buenas personas. Todas estas preocupaciones durante años nos unían más a los dos; diría que éramos unos privilegiados asustados, pero felices. La vicisitudes de la existencia expresadas en la economía, los trabajos o las preocupaciones por nuestra sociedad eran siempre llevaderas en compañía de Ana. En este antiguo álbum veo en esta foto a mis tres hijos en una fiesta del colegio: paso del tiempo, crecimiento, vida…

Madurez neurológica

Nuestra parcial fantasía de que éramos algo diferente a los demás desapareció con la adolescencia de los chicos. Dicen los científicos que en esas edades se producen unos cambios asociativos madurativos en el cerebro que trastornan la conducta y así fue: pasamos unos años preguntándonos qué habíamos hecho mal. Teníamos discusiones, malas caras, aumentaba nuestra percepción de los peligros y precisamente en una primavera como hoy se produjeron muchos cambios en las relaciones familiares. La paciencia y el paso del tiempo volvió unos años más tarde todo a la normalidad, pero con nuevos individuos, es decir, nuestros hijos pasaron de niños a adultos.

En el mismo álbum fotográfico que hojeaba antes, me cuesta encontrar unas fotos con ellos, ya que en esa época huían de compartir actividades con sus padres.

¿Independencia?

Los cambios en los chicos, ya jóvenes, pasados unos años dio otro paso en nuestras vidas: el tiempo los catapultó a la independencia. Dos de ellos ya no vivían en casa y la menor solo iba a dormir; estudiaban, trabajaban e iban construyendo sus propias vidas con aciertos y errores al igual que nosotros. Me preguntaba si tendrían la suerte que yo había tenido de encontrar una persona a la que amar siempre y construir todas las parcelas de felicidad posible; entonces, ya no podíamos hacer nada más que acompañarlos en sus proyectos, advertirles a veces de errores, pero esos genomas y los ambientes diferentes ya comenzaban, como era previsible, a expresarse en cada uno, llevándolos por derroteros para nosotros desconocidos. Un día, estando un poco alegre tras unas copas en la cena, les pregunté si al estar con su pareja veían las cosas de verde claro. Se rieron porque conocían nuestra historia, pero no respondieron.

He tenido que ir al ordenador para buscar algunas fotos: ya no existen álbumes de este periodo. En una estamos toda la familia y dos de sus parejas que compartían velada con nosotros: quizás era el cumpleaños de alguno de ellos.

Plenitud

Volver a estar la pareja solos también marca un nuevo hito en las relaciones. Nos siguen preocupando los hijos, sus familias y ahora también sus presentes, que culminaban el proyecto que deseábamos en sus infancias. Pero este nuevo periodo sirvió también para reconectar canales poco transitados con mi mujer durante las décadas anteriores: hablábamos más de nosotros, compartíamos gustos y aficiones, viajábamos y estábamos con salud y una economía humilde, pero sin ningún sobresalto; dábamos grandes paseos por hacer ejercicios y por el placer de caminar juntos. Nos sentíamos en plenitud o con esa sensación de que la paz y el placer puede adoptar el nombre de felicidad. Vivimos con dolor y temor la separación de parejas amigas y nos sentíamos a veces demasiado afortunados de sentirnos tan bien el uno con el otro.

Cambios moleculares

Las enfermedades y el envejecimiento son en última instancia alteraciones de las funciones de nuestros órganos que a nivel molecular tejen el nombre de las enfermedades. Como no podía ser de otro modo, el tiempo biológico pasa sus facturas: tanto en mi mujer como en mí todo comenzaba a funcionar diferente. Lo externo eran las arrugas de la piel y las canas más la inseguridad al andar entre otras, pero por dentro, en lo invisible a los ojos, las cosas iban a peor. Inundó nuestro hogar y acaparó todas nuestras conversaciones la palabra *cáncer*; llegamos tarde y, aunque la lucha fue tenaz, fuimos derrotados. Nos separó la muerte y el monstruo de la soledad, y los recuerdos oscurecieron mi vida y el hogar compartido con mi mujer durante toda una vida. Por momentos se atenuaban los episodios de tristeza por la compañía de mis hijos y ahora también de mis nietos, pero quizás de forma equivocada no podía yo disfrutarlo sino los compartía con mi amada pareja. Su desaparición tornó el verde en negro y no podía ya revertirlo ni con *Yesterday*. Dejo los pensamientos tristes y salgo a caminar: mentalmente hablo con ella como si fuese a mi lado. Hoy tengo (tenemos) que ir a una actuación de mi nieto en la fiesta del colegio. Quizás se están repitiendo otros ciclos.

Os invito a escuchar *Yesterday*:
https://www.youtube.com/watch?v=NrgmdOz227I

Memoria ágrafa (el silencio)

Carlos se sentía abatido, confuso; en cierto modo, frustrado al ver que sus proyectos individuales y grupales se desvanecían en la nada. También estaba abstraído por el paso del tiempo no solo como una vivencia personal, sino social. Era consciente de que, a pesar de todo, era un privilegiado en este mundo de comienzos de siglo: había vivido muchas cosas y decidió escribirlas. Los más queridos, como ocurre casi siempre, escapaban ya a sus deseos y planes; le mantenían con ganas de seguir adelante los sentimientos que lo unían a su pareja y también a algunos de sus amigos. Le entristecía la imbecilidad humana a nivel de los poderosos, los políticos y los que miraban hacia otro lado con los cambios inducidos por el hombre en el planeta. La desigualdad, la injusticia y la falta de libertades le dañaban su psiquismo; sus propios errores y desencantos lo torturaban. Decidió escribir sus pensamientos en una obra que tituló *Memoria ágrafa (el silencio)*: era esta transparente, diáfana, casi imperceptible, por lo que algunos fueron incapaces de poder leer el texto.

A continuación, se transcribe, aunque tú también puedes escribirla aprovechando esos espacios vacíos y sentimientos compartidos. El autor te invita a completar el texto:

El silencio

En un balance de… ________________________________
____
____
____
____
____
____
____
____
____
____
____
____

Fin.

Tras todas esas páginas, dio punto final a sus reflexiones.

Trueno

Para los jóvenes de hoy es difícil entender que antes viviésemos sin la presencia constante en nuestras vidas de *Trueno*. En realidad, no es un trueno, pero así le llamamos, al menos en este continente; en otros lugares le han dado otros nombres. De todos modos, da igual como lo llamemos, ya que nadie sabe qué es.

A mis hijos, aun siendo muy pequeños, les conté que desde siempre, es decir, desde hace miles de milenios, habíamos vivido sin ese ruido que ahora nos acompañaba desde ya hacía varias décadas. Pienso que me creen, pero en el fondo sienten que les estoy contando una fantasía: para ellos, al igual que para las millones de personas que nacieron después del *gran cambio*, la realidad en su existencia va asociada o acompañada de ese sonido metálico, de baja intensidad, pero omnipresente las veinticuatro horas del día y desde ya hace más de cuatro décadas. Esa sensación auditiva perenne no tiene oscilaciones, es constante y lo vivimos como un estrépito o fragor metálico que ha invadido nuestras vidas, nuestras conversaciones y hasta nuestra muerte. No existe ningún lugar de la Tierra que se haya podido librar de él: es como un acúfeno exterior de alta intensidad que pienso que ha alterado nuestra forma de vivir y también de pensar. Unos lo perciben como un desafinado acorde monótono que proviene de un chelo ejecutado por un profano, otros lo asemejan al ruido de una perforadora sobre rocas gigantes, y también algunos creen que es un sonido que procede del espacio profundo y no alcanzan a definirlo. Sea como fuese, sin embargo, los estudios de las ondas sónicas son siempre las mismas y es igual en todas las latitudes de la Tierra. Ha cambiado a los humanos y también ha afectado a muchos animales: los más queridos por el hombre, los perros, muy sensibles a los ruidos, entristecieron, dejaron de comer y murieron en masa hasta su extinción.

Trueno comenzó ya hace unos cuantos años de forma brusca, inesperada y jamás, a pesar de todas las investigaciones que han realizado los científicos del mundo, no se ha podido establecer su origen. Ello dio a lugar a las más remotas y descabelladas explicaciones, pero hoy seguimos igual, sin saber por qué se originó, de dónde viene, por qué o hasta cuándo durará. Algunos piensan que no existe, pero los humanos han mutado y perciben ahora lo que antes para ellos no existía; otros creen que estamos sometidos a un experimento diabólico, pero, en fin, nadie sabe nada… Pareciera que este estado será ya para siempre.

Trueno interfiere en nuestros pensamientos, nuestro descanso, nuestra forma de ser; se entremezcla con nuestras palabras, con nuestra música y no hemos conseguido aislarnos de ese aguijón sónico infinito, de ese zumbido intenso y permanente con ningún instrumento de aislamiento. Algunos, ya que quizás creen en fantasías, dicen que existe un lugar en el planeta donde se está libre de este horrible y martirizante sonido o ruido tóxico. Nunca creí en nada que no fuera objetivable desde la ciencia pero he claudicado: he decidido escapar con mi familia a ese lugar anhelado del que ahora hablan casi en secreto las personas. Comentan que tenemos que ser capaces de superar una prueba para ser aceptados allí, pero tampoco podemos prepararnos, ya que desconocemos en qué consiste. En realidad, tampoco podemos ir, ya que el lugar es ignoto: solo nos queda esperar a ser elegidos para intentar acabar con este martirio de desesperanza

y bullicio. Los descreídos dicen que en ese lugar solo intervie-
nen a las personas y les destruyen todos los componentes de sus
sistemas auditivos y que, aun así, no logran del todo evitar a
Trueno. A pesar de ello, estoy dispuesto a intentarlo.

«Ojalá pronto alcancemos el silencio…»: cuando digo esto,
me pregunta mi hijo —¿qué es eso?, ¿qué es el silencio?.

La carta

Los que tenemos cierta edad hemos escrito y recibido muchas cartas. Hoy, están casi en extinción: ese papel escrito y guardado en un sobre donde expresábamos nuestros sentimientos o dábamos información o recibíamos noticias, iba acompañado de la espera e importancia que tenía el cartero, que era quien nos las hacía llegar. También a través de este medio intelectuales, literatos o científicos se comunicaban, compartían y debatían sobre los temas que les preocupaban o interesaban. Los amantes, las parejas enamoradas, eran otros usuarios frecuentes de este medio de comunicación.

Hay cartas que en nuestra vida son inolvidables, importantísimas y que el contenido de las mismas pueden marcar un cambio fundamental en nuestra existencia, eso es lo que a mí me ocurrió y lo que os paso a contar.

Corría el año 1976 en Argentina: se había instaurado allí una de las dictaduras más sangrientas y genocidas de la historia reciente. La pérdida de derechos y de libertades era absoluta, y el miedo estaba extendido a todos los niveles de la sociedad. Los más perseguidos o con riesgo de ser detenidos, torturados y asesinados eran todas las personas con un pensamiento progresista o antidictatorial. La vulneración de todos los derechos humanos ya había comenzado dos años antes con el gobierno peronista de Isabel Perón: desde el año 1974 al 1976 me habían ocurrido muchas adversidades a nivel personal y familiar de las que ahora no me detendré a hablar, pero cuando creía haber superado las más importantes y llevaba seis meses de médico recién graduado, fui incorporado al ejército de forma urgente teniendo ya veintiséis años y una pequeña hija.

El reclutamiento a ese ejército de la dictadura era para realizar atención médica en las zonas rurales de una provincia del norte de Argentina: eran los lugares donde se mantenían enfrentamientos armados con la guerrilla y donde estaba también los centros de detención clandestinos más importantes; la actividad médica era solo una forma de propaganda del ejército golpista. Esta actividad obligada, la realizaba junto a algunos amigos, incorporados como yo, en la zona más peligrosa de entonces y donde los militares ejercían su poder absoluto conculcando todos los derechos humanos a los que ellos consideraban sus enemigos. La muerte, la tortura, las desapariciones y los atropellos eran las acciones cotidianas de estos «salvadores de la patria».

El mes anterior a mi incorporación al ejército, que fue de un día para el otro, había solicitado con la intención de salir del país, que para entonces era un infierno, unas peticiones de becas y aceptación en otros países para huir de mi entorno y continuar con mi formación de médico; dos meses después recibí respuesta de México y Venezuela rechazando mi petición. Llevaba varios meses en el ejército ahogado por el miedo y por el asco que sentía del entorno en el que estaba. Los primeros días de agosto de 1976, invierno en Argentina, mientras estaba en un pequeño pueblo rural llamado Río Seco, recibí la visita inesperada de mi padre y de mi mujer: los dos traían una expresión en sus rostros que denotaba alegría, esperanza e incertidumbre. Mi padre, antes siquiera de hablarme, me enseñó una carta que llevaba en su mano: estaba abierta. Al tiempo que me la entregaba, me decía:

—Te han concedido una beca en España.

Leí el texto y efectivamente era así: a mí y a mi mujer, por ser nietos de españoles, el Ministerio de Trabajo y Emigración español nos había aceptado una petición de beca que habíamos realizado unos meses antes. Esa carta cambió nuestras vidas: tuvimos que superar enormes dificultades para poder dejar el país, pero dos meses después ya estábamos en España viviendo con muchas limitaciones, pero en libertad y lejos del terrorismo del Estado argentino de entonces.

Han pasado más de cuarenta años y aún conservo esa carta: ahora, mientras escribo estas líneas, la tengo en mis manos y los recuerdos vienen a mí. En mi memoria está grabado aquel día cuando, a través de ese papel, recibí la noticia más esperanzadora que hasta ahora he vivido. Suelo hablarle a mis hijos de esta carta y creo que entienden el significado de esta historia. En fin, la conservaré siempre. En ese papel venía escrito el mensaje de esperanza y libertad que permitió que mi familia y yo pudiésemos huir del infierno genocida.

La ausencia de Golfo y algo más

La vida tiene historias y hechos que sin duda conmocionan nuestra existencia: hay acontecimientos muy felices o muy tristes que marcan nuestra trayectoria y nuestros recuerdos, y también a las personas que están cerca nuestro. Pero es innegable, o al menos a mí me lo parece, que del mismo modo otras historias anecdóticas, o podría llamarlas mínimas, nos dejan ciertas huellas, aunque estas sean de menor recorrido en el tiempo. En estos días he reflexionado sobre estas microhistorias, ya que desapareció de mis rutinas diarias mi deseado y querido Golfo.

Soy un amante entusiasta de los perros: siento algo muy especial por estos amigos de los humanos y me gustan todos, pero en la cúspide de las razas caninas está para mi el bulldog inglés. Pues sí, Golfo era un bulldog inglés de los más hermosos que conocí en mi vida.

Casi todas las mañanas y algunas noches lo encontraba en las calles de mi barrio: iba sujeto por la correa que llevaba su dueño, o quizás mejor llamarle su amigo humano. Golfo irradiaba simpatía, juventud y vitalidad: cuando te dirigías a él, daba la sensación de que reía y estaba siempre presto a darte un lametón u olisquearte un poco. En mi casi patológica afición a estos canes, cada vez que lo encontraba lo acariciaba, le hacía fotos y hablaba un rato con su dueño. A Golfo lo paseaba un joven veinteañero que casi siempre iba mirando o hablando por el móvil; le gustaba que yo admirase a su perro. Teníamos cortas charlas y todas sobre Golfo; en el fondo, yo le tenía cierta envidia. Vivía en la casa más bonita del barrio, parecía no faltarle nada: juventud, dinero, Golfo, e intuía yo que tendría muchos planes para su futura vida.

Ya hace varias semanas que dejé de ver a Golfo y a su dueño: la casa donde vivían tienen las puertas y ventanas cerradas con cierto aspecto de abandono. A través de un vecino me enteré de que ya no viven allí: los padres del joven se separaron y se mudaron a otras viviendas. Estoy triste al constatar que ya no veré probablemente nunca más a mi querido Golfo: me pregunto por qué calles paseará esa belleza canina contagiando a su entorno de vitalidad y alegría. Pero lo que más me entristeció es el cambio que intuyo se ha producido en la vida de su dueño: aquel muchacho que parecía que lo tenía todo, hogar, buena vivienda, desahogo económico y juventud, ha recibido un golpe duro producto de una crisis en la íntima vida familiar. La conmoción que habrá sufrido seguramente le habrá roto múltiples recuerdos de su infancia, proyectos y un impacto en sentimientos atesorados en una historia que no pudo ser. Las emociones, los afectos, los mimos, los cariños y la educación recibida en el que hasta ahora era su hogar, probablemente desaparecieron de forma brusca en esos días; para este joven, naufragaron y se tiñeron de un sentimiento triste y desalentador las expectativas que hasta solo hace unas semanas ocupaban su mente. La desestructuración de una familia por desamor u otros cuestiones se resuelven con la separación y probablemente sea el mejor camino, pero eso no le quita que sea tremendamente dolorosa.

Lo siento, muchacho, y, al menos, deseo que hayas podido seguir con Golfo: esa compañía algo te atenuará el dolor de esta nueva etapa. Suerte.

Impotencia

María, a quien admiré mucho, solía decir: «La vida es lucha»; acostumbraba a cerrar de ese modo alguna conversación donde se hablaba sobre alguna persona que tenía que hacer un esfuerzo para resistir u oponerse a algo hostil o peligroso para ella misma o los suyos. Ciertamente, la vida es una lucha por la existencia para conseguir los objetivos que nos planteamos como individuos, como familia o como grupo social. María siempre lo entendió así: toda su vida fue una lucha y la extendió también a lograr la justicia y la igualdad para todos en la sociedad. Por ello, salió malherida en muchas ocasiones pero pudo con todas las dificultades menos con la que ahora tenía por delante en su vejez.

Ella y su hijo estaban desde hacía un tiempo distantes y separados por un profundo abismo: había surgido entre ellos un muro de malentendidos, prejuicios, silencios e incomprensión quizás mutua, pero terriblemente destructiva. Todo comenzó por nimios motivos tras años de cariños y complicidades compartidas. Ella nunca entendió por qué se había producido ese cambio. Nadie antes había podido con María y ahora ella se rendía sin luchar porque no sabía cómo hacerlo. Por primera vez sintió que las palabras, el esfuerzo, la inteligencia y los buenos sentimientos eran incapaces de modificar la situación que ahora tenía con uno de sus seres más queridos.

Hace unos meses, cuando la vi, me dijo que se podía luchar contra todo menos contra los fantasmas de la mente y que estos en su victoria te hacían impotente. Ayer la vi desde lejos: noté su derrota en su forma de andar, en su rostro, en su mirada. Cuando estuvimos frente a frente, nos quedamos los dos en silencio. Luego, sin hablar, nos abrazamos y tras unos instantes nos marchamos cada uno por un lado. Sentí de algún modo que aquella también era mi derrota.

El incidente

Viernes, 21 de marzo, Donostia

Eran las nueve menos cuarto de una mañana primaveral en aquel festivo en la que la luminosidad del día prometía una jornada espléndida en mi querida ciudad. Había sonado el despertador, pero, aun así, permanecí unos quince minutos más en la cama. Arantxa seguía dormida a mi lado y su cuerpo pegado a mí, pero inmóvil, demostraba poco interés en comenzar la jornada. Hasta no hacía mucho tiempo era ella la que se levantaba primero y tiraba de mí lanzándome a la calle con variados planes para aprovechar un día de fiesta. Antes, locuaz, alegre, emprendedora y optimista, había sufrido una transformación lenta, pero progresiva en su carácter, desde que ocurrió aquel incidente en mi trabajo.

Tras acariciarle el pelo sin respuesta, me levanté y me dirigí a la ventana de nuestro dormitorio. Como tantas veces, me extasiaba mirando desde mi piso el panorama de la ciudad comenzando un día tranquilo, soleado y con muy pocos coches en la calles. Desde allí, la observación de los tejados de las casas y parte de la playa de La Concha me producían un placer sensorial intenso solo opacado por el miedo que se había instalado en nuestras vidas desde aquella noche traumática. Preparé el desayuno y en una bandeja lo llevé a nuestro dormitorio; desperté a Arantxa y desayunamos casi sin hablar.

Nuestra relación había cambiado sustancialmente desde hacía ya unos meses: aunque ella me apoyó en todo momento después del incidente en la universidad, su carácter se fue agriando y tornándose triste y apagado, sobre todo tras mi negativa a marcharme de Euskadi. Arantxa había nacido al igual que yo en Hondarribia y amaba la tierra, pero le era insoportable vivir con miedo, desconfianza, sin libertad, y sobre todo despreciaba la irracionalidad, las creencias identitarias y la intolerancia ideológica que se había ido instaurando de forma progresiva en la sociedad. Hasta hacía muy poco un placer del que ella disfrutaba consistía en pasear en un día como hoy por el casco viejo de la ciudad y que nos tomásemos unos vinos y unas tapas en cualquiera de los numerosos bares o tabernas que proliferan en aquella zona; pero hacía ya unos seis meses desde nuestro último paseo por allí. Desde entonces, había decidido no volver por esos sitios después de que presenciásemos en la cola del cine aquella agresión cruel y cobarde contra aquel hombre solitario.

Al parecer, según nos enteramos ese día en los corrillos del tumulto, esa persona había rechazado de forma vehemente colaborar con una petición para los presos etarras, manifestando además que estos merecían estar en la cárcel. Fue en ese momento cuándo de forma salvaje y con gran violencia fue atacado por un grupo de unos ocho jóvenes de esos que de forma mesiánica se consideran a sí mismos los liberadores de los ciudadanos vascos. Dejaron a ese hombre tumbado en el suelo retorciéndose de dolor y sangrando por la boca y la nariz sin que nadie se acercase a socorrerlo; fue un espectáculo inolvidable y doloroso, ya que nosotros, al igual que decenas de personas que presenciamos esa agresión, a los pocos minutos abandonamos el lugar continuando con nuestro paseo y perdiéndonos entre las tabernas de la zona, no sé si ya por vergüenza o por cobardía. Aquel día quedamos ambos sumidos en un gran mutismo; sin embargo, mi cabeza no dejó de recorrer como en un mecanismo de asociación libre mi juventud de militancia sindical, las luchas por las libertades en la época de la dictadura, los recuerdos de imágenes vistas en el cine de los camisas pardas nazis en la Alemania de antes de la guerra. En fin, todo era vertiginoso en mi cerebro, pero lo que más me sobrecogía era recordar las caras de los fanáticos agresores de esa tarde cuando insultaban a aquel hombre diciéndole fascista sin ser conscientes de que esa palabra era precisamente la que mejor describía sus conductas.

Ahora ya pasado un tiempo, pienso que estos individuos, al igual que aquellos camisas pardas, estaban consiguiendo mediante el terror que fuésemos todos cómplices silenciosos de sus comportamientos liberticidas. Para evadirme de esos penosos pensamientos decidí salir a dar un paseo. Antes llamé a mi hermano, que ahora vive en Madrid, intentando hablar con alguien querido y de confianza, y así mitigar en algo la sensación de soledad e incomunicación que entonces me invadía. Mi sobrino me dijo que no estaba: había salido con su mujer a correr por el parque del Retiro.

Arantxa no quiso acompañarme, por lo que decidí ir solo. Salí andando, ya que no usaría el coche y, por lo tanto, no tendría que mirar en los bajos del mismo para saber si una vez más había tenido la suerte de no ser el destinatario de una bomba colocada por los que me consideran enemigo de Euskal Herria. Comencé a caminar por el paseo de La Concha, después por la avenida de la Libertad y, tras media hora de recorrer diferentes calles, terminé sentado enfrente del Kursaal. A mis oídos llegaba el bullicio de unos niños que jugaban en la playa cercana, vi pasar a algunas parejas disfrutando tal vez de la jornada de descanso y a unos jóvenes practicando diferentes deportes. El día era hermoso: corría una brisa agradable y el sol majestuoso, pero tibio, nos envolvía a todos placenteramente.

En ese momento, observé en un muro lateral del palacio de congresos una multitud de carteles pidiendo en euskera la libertad de los presos y también la ya clásica y fatídica diana amenazando de muerte a un político que conocí tiempo atrás. De repente, otra vez me invadió el miedo y un escalofrío recorrió mi cuerpo: me sentí solo, extraño en mi propia tierra y reflexioné sobre si no nos estábamos volviendo locos en esta sociedad fanatizada cada vez más tolerante de la violencia y la sinrazón. Pensé en Arantxa y decidí acabar el paseo: volví a casa.

Al entrar, Arantxa, que seguía en la cama, giró su cuerpo para decirme que había llamado mi hermano. Me senté al lado del teléfono y tardé bastante en marcar los números, ya que habían desaparecido mis ganas de hablar. Al final, lo hice y mi hermano Mikel contestó al instante y como siempre estaba alegre, optimista y exultante: me contó que esa mañana había ido con su mujer a caminar por el Retiro y que más tarde acudieron a una exposición de arte en el museo Reina Sofía; eso lo había contagiado como siempre de creatividad, ideas e ilusiones. Él era arquitecto y tenía unas inquietudes culturales inmensas al igual que yo tiempo atrás. Lo oí con cierta envidia y lejanía, pero no se lo manifesté. Hablábamos todas las semanas, pero él ya no me preguntaba sobre mis proyectos y miedos; me había insistido tantas veces en que me marchara de Euskadi que ante mi negativa había optado por no tocar esos temas. Después de colgar el teléfono, me quedé pensativo, rememorando diferentes momentos de mi historia personal que pasaban por mi mente de forma rápida hasta detenerme una vez más en aquella noche, la noche del incidente que cambió mi vida.

Recordé que tras aquella conferencia, pasé de sentirme o de creerme un hombre libre a ser un individuo amenazado, apartado y temeroso en mi propio país. Quizás hasta ese momento no había querido ver que ya antes muchos otros habían dejado de vivir en libertad. Recordé también con más detalles a aquel joven que tras mi conferencia sobre los cambios sociales y la globalización me preguntó en la mesa redonda sobre los nacionalismos: le respondí con toda mi franqueza intelectual que los consideraba como una de las facetas más destacadas de la imbecilidad humana en el siglo XXI y que las ideologías que lo sustentaban eran obsoletas y arcaicas, pero efectivas para envenenar a la población apelando a victimismos exagerados. En esa noche, aquella respuesta modificó mi existencia y la de mi familia.

Un ruido en el dormitorio me hizo recordar que Arantxa seguía en la cama: me aproximé a la puerta de mi despacho y vi mis libros desordenados y algo abandonados sobre el escritorio donde antes yo preparaba las clases; desde hacía un tiempo había abandonado ese quehacer, ya que me dedicaba ahora a funciones auxiliares en la facultad. Permanecí más de una hora sentado en mi despacho y por mi cabeza pasaron mil pensamientos; sentí una sensación angustiosa e inquietante en mi interior y sin siquiera darme cuenta unas lágrimas humedecieron mis ojos.

Después de un tiempo y sin saber muy bien por qué, me dirigí a mi dormitorio y con decisión, ternura y mucho cariño logré convencer a Arantxa de que se levantara y me acompañara a dar un paseo por nuestra ciudad. Fue un hermoso día: comimos fuera, tomamos el sol y caminamos hasta el atardecer por la playa. Esa noche, al regresar a nuestra casa, volvimos abrazados y sonrientes como antes. Oímos música, hicimos el amor y repasamos nuestro álbum de fotos. Más tarde, me volví a sentar enfrente de mi ordenador después de mucho tiempo: comencé a escribir un artículo para enviarlo al periódico; aún dudando si llegaría a publicarse, pero necesitaba expresar mis sentimientos y mi posición intelectual frente a la pérdida de libertades impuesta por el miedo en nuestra sociedad. Al menos esa noche dormí más tranquilo.

Montaña rusa

Los sentimientos, los estados de ánimo, el bienestar o la sensación de sentirse triste o contento presentan oscilaciones o cambios que me recuerdan a la montaña rusa de los parques de atracciones: mesetas, subidas y bajadas bruscas… En fin, así es la vida. Para algunos individuos los periodos de cambio pueden ser más intensos o prolongados que para otros; quizás allí está obrando el azar o la suerte, tan difícil de definir y entender.

Nuestro desarrollo de la inteligencia y los avances en el conocimiento nos permiten ver el mundo o la vida probablemente diferente de los animales cercanos a nosotros en cuanto a análisis y deseo de la felicidad. Según las circunstancias de cada individuo, la felicidad puede ser diferente, aunque siempre sea efímera. Nuestra conciencia de la mortalidad y del hasta ahora invencible envejecimiento nos sobrecoge en determinadas etapas de la existencia: cuando se es joven uno lo sabe, pero ese conocimiento no se funde con los sentimientos. La mayoría de las cosas que nos pasan en la vida dependen, por una parte, de lo que hagamos y de los valores que guíen ese hacer, pero están también todos los otros imponderables que nuestra propia biología y el entorno nos impone.

Me subo a la montaña rusa y en su ascenso y meseta fluyen los recuerdos del cariño familiar en la infancia, el enamoramiento, el conseguir objetivos muy deseados, las caricias y el rostro de la persona que se ama, el amor y el logro de encaminar bien la vida de nuestros hijos, la ausencia de enfermedad, el calor irremplazable de la amistad y miles de momentos de esa breve y pulsátil felicidad. Luego, viene el descenso en la montaña o casi siempre se intercalan estos momentos y se percibe la tristeza, se siente el dolor y las limitaciones físicas o el sufrimiento sentimental, los fracasos, los errores, la enfermedad, la soledad y el no poder revertir los dictámenes de la biología. Como broche de ese sentimiento negativo, pienso que quizás hubiese sido mejor no tener consciencia de la vida y de la muerte y no creer que con nuestros actos modificamos los designios de las moléculas biológicas que nos componen.

Corto con estas elucubraciones y aprovecho el tiempo; iré más tarde a ver a mis amigos, luego caminaré junto al mar y si es posible llevaré a mi perro para hablar también un rato con él. Hoy voy a intentar estar en la fase de ascenso de la montaña: no veré ni escucharé a los ineptos políticos que parecieran que han olvidado el pasado y se empeñan en retroceder en la historia; trataré de aislarme, aunque sea por un rato de la realidad. Mientras espero una llamada de mis hijos, con una copa de vino y unas tapas de queso, me siento a mirar por la ventana el hermoso paisaje que me rodea y sueño y recuerdo los fragmentos temporales de felicidad vividos. Lo demás se producirá seguramente sin que yo pueda hacer algo para impedirlo, ¿o no?

La diputada avergonzada

Míriam subió al tren en Atocha para volver a su querida ciudad de Barcelona. Se sentó en su asiento y se alegró de no tener ningún pasajero a su lado. Se relajó y recordó minuto a minuto lo que había vivido en esta jornada tan especial.

Había llegado por la mañana muy temprano a la sede del Parlamento, ya que debía prestar juramento como diputada de su partido y de su tierra. Trató de pensar qué tiempo llevaba dedicada a la política y no consiguió concretarlo, pero no hizo más esfuerzo en recordarlo, ya que ahora por fin había conseguido llegar a uno de sus objetivos: ser parlamentaria, aunque ese no era el fin de su carrera. Ella soñaba con formar parte del *Govern* en la Cataluña independiente; esa sí sería la ansiada meta de su todavía corta vida política. Pero ella era práctica y sabía que cada cosa tiene su tiempo: su actuación esa mañana durante el juramento parlamentario había sido planificada y ensayada metódicamente. Había sentido por la mañana una inmensa felicidad y orgullo al soltar la retahíla de motivos para su juramento: «Con lealtad al mandato democrático del 1-O, por fidelidad al pueblo de Cataluña, por la libertad de los presos políticos y el retorno de los exiliados y por imperativo legal». Además, pensó: «¡Se lo hice a tragar a los españoles en mi lengua!». Sintió cómo ese éxito acrecentaba su valoración como persona.

¡Qué satisfecha se había quedado! Fue felicitada por sus compañeros parlamentarios. En fin, había puesto su granito de arena al seguir las órdenes del partido para hostigar al gobierno central y exacerbar sus contradicciones y de ese modo favorecer la lucha por la independencia de Cataluña. Antes de subir al tren, recordó que también había pensado en su nueva vida de diputada: buen sueldo, agradable piso y todos los fines de semana de vuelta a su ciudad. La odiada Madrid tampoco le había parecido tan mala, al menos por los barrios por los que había transitado.

Ya con el tren en marcha y mientras hojeaba una revista en la que se hablaba del *conflicto catalán*, se congratuló de que por fin los partidos de su tierra hubiesen decidido acabar con el abuso español. ¡Ya estaba bien! « Por fin hemos dado el paso para evitar que nos sigan robando o que vivan de nuestro esfuerzo los andaluces y los extremeños, entre otros». Finalmente, con el movimiento del tren y las emociones del día, se adormeció satisfecha como política orgullosa que lucha por los ciudadanos emprendedores, inteligentes, listos y ambiciosos como eran los de su Cataluña querida y no como los ciudadanos de segunda que vio por las calles de Madrid desde la ventanilla del taxi. Trató de dormirse sobre todo para evitar a una pasajera que se había sentado enfrente suyo: esta tenía aspecto pobre, triste; un semblante cargado de preocupaciones y además, cuando ella la saludó en catalán, le respondió en un español mal articulado.

Minutos después se despertó cuando le ofrecieron los auriculares para ver la televisión del tren en el momento en que comenzaban las noticias del telediario. Casi al comienzo de la emisión ya aparecieron las imágenes del día y entre las más destacadas estaban la de los parlamentarios jurando sus actas de diputados. Se incorporó levemente en el asiento al verse así misma en la pantalla. Se observó, se escuchó; vio a otros hacer lo mismo que ella y comenzó a sonrojarse y a sentir vergüenza de su actuación porque era eso, una actuación tan alejada de la política que de jovencita había soñado con que iba a realizar. Casi sin pausa, continuaron las noticias al principio en titulares y más tarde detalladas sobre el aumento del paro, la desigualdad social, la violencia de género, la brecha salarial, los refugiados de Siria, los malos resultados en el informe Pisa sobre educación, los serios problemas del cambio climático y las sequías e inundaciones que dejaban en la pobreza a miles de ciudadanos que aspiran a sobrevivir y alcanzar mínimas cotas de igualdad en esta sociedad; en fin, problemas reales y acuciantes a los que se enfrentan grandes sectores de la sociedad. Tras meditar sobre todas esas cuestiones y recordar cómo acababa de verse en su actuación mezquina, frívola y alejada de todos los valores que en su momento la llevaron a dedicarse a la política, sintió vergüenza; este sentimiento la inundó hasta lo más profundo de su ser.

Cuando llegó a Barcelona, sus amigos la esperaban y la felicitaron por su juramento de la mañana. Ella no les respondió y se mantuvo en silencio mientras su autoestima caía desde lo más alto. Parecía que al menos esa vez en su interior la vergüenza estaba venciendo a las pulsiones tribales y a las ambiciones de ciudadanos acomodados que solo aspiran a más riqueza cimentada en la insolidaridad con el prójimo. Aquella noche no pudo dormir: sabía que en el tren algo le había ocurrido, pero aún no sabía qué. Solo sentía vergüenza.

Descubrimiento tardío. *Insight*

Mi infancia son recuerdos de un patio de Sevilla,
y un huerto claro donde madura el limonero;
mi juventud, veinte años en tierras de Castilla;
mi historia, algunos casos que recordar no quiero.

ANTONIO MACHADO, «RETRATO»

Hay recuerdos y sentimientos que surgen de repente, aunque hayan estado latentes quizás mucho tiempo en nuestro inconsciente. Lo que desencadena la aparición de esos sentimientos puede aparentemente no tener relación con lo que emerge desde nuestra memoria, pero que a su vez nos traslada a otros momentos o incluso nos permite ver con nitidez algo que, aun sabiéndolo previamente, no habíamos sido capaz de entrar en su propia esencia: sería algo como el *insight* que denominan algunos psicólogos.

Me pasó esto con el tema del exilio y la lectura de un entrañable libro escrito por un amigo que se titula *Carta a mis biznietos*. El autor, Federico Soriguer, desde un difícil ejercicio literario escribe como si su madre hubiese destinado esos escritos dirigidos a toda la familia. En este libro y a través de esas «cartas», se repasan amplios periodos de la vida de su madre: anécdotas, conversaciones con sus hijos y nietos, y un reflejo del entorno social y cultural que rodeó la extensa vida de la persona en cuestión. Pues ese texto me llevó a plantearme aspectos del exilio y lo que esa situación había impregnado mi vida. Aparentemente, me pareció que no llevaban mucha relación, pero tras meditar sobre los sentimientos provocados entendí cómo había llegado a relacionar historias a priori diferentes.

El exilio es siempre doloroso, pero pienso que cada persona lo vive de un modo distinto. Hace ya muchos años observé cómo la condición de exiliado era sentida de diferentes maneras según fuesen las personas: su carácter, su ideología y sobre todo las circunstancias que rodearon a esa situación. Soy consciente también de que mucho más doloroso que el exilio son las torturas, la cárcel o la muerte. Para mí el exilio fue una forma de preservar la vida y la de mi familia, por tanto todas las adversidades, necesidades y problemas vividos en los primeros años en este extraordinario país que es España las consideré menores respecto a la situación de terror que se vivía en mi país de origen. Más aún, me consolaba sintiendo que debía sobreponerme a todas ellas, ya que la resistencia individual o familiar la vivía como una forma de lucha contra el régimen genocida y tiránico del que había huido. En casi cinco décadas viviendo en esta tierra, que era la de mis abuelos y que ahora siento también como mía, tuve una actividad tan intensa en lo personal, familiar y laboral que casi nunca me detuve a analizar cómo me había afectado a mí el exilio. Soy persona que no ama territorios, folclorismos ni tradiciones, sino a las personas y a las cualidades de estas, así como a la propia evolución de la sociedad humana para progresar minimizando las diferencias sociales y poniendo como objetivos la libertad, la igualdad, los derechos y el avance del conocimiento cimentado en valores humanísticos. En mi exilio tuve que vivir y soportar muchas situaciones difíciles, complicadas y desagradables, pero tuve también la suerte de conocer y ser ayudado por un número importante de personas excelentes, buenas, solidarias y empáticas que nunca olvidaré.

Volviendo al tema inicial, os cuento que al leer el libro de mi amigo descubrí que la mayor pérdida que tuve con el exilio, pérdida además muy dolorosa e irrecuperable, fue el no haber podido hablar y compartir parte de la vida con mis padres, mi familia y también con mis amigos más íntimos. El alejamiento, la incomunicación, la soledad y las dificultades mastodónticas como pueden ser a veces la distancia y el tiempo hicieron que no acompañara ni compartiese décadas de mi existencia con la de mis padres y el resto de la familia. Cuando leí el libro *Carta a mis biznietos* me di cuenta todo lo que yo había perdido con el exilio, pero no solo lo que yo perdí, sino lo que perdieron mis padres, que fueron unas personas excepcionales, pero que entraron en la vejez y en el final de sus vidas casi en solitario y sin la presencia y compañía de su hijo. Por fortuna, tuvieron las atenciones de mi hermana, que seguramente les hizo menos doloroso el final de sus días.

El exilio marca siempre y quizás a cada uno de forma diferente. A mí y a mis padres nos quitó la posibilidad de tener una vida normal y afectivamente armoniosa. Lo que yo sentí por esa situación no fue nostalgia ni desarraigo, pero significó la ruptura de lazos familiares y sus repercusiones afectivas que ahora en la distancia del tiempo comprendo también: no solo estuve yo exiliado, sino que mis padres y el resto de la familia también lo estuvieron por las consecuencias que todos padecimos. Perdí horas o años de hablar con mi familia, de saber qué sentían, cómo vivieron esa situación, cómo les afectó a ellos y, más aún, de compartir la cotidianidad del día a día. Pero ya ahora es irrecuperable porque no están: hoy, tras este descubrimiento tan tardío, comprendo mejor a los exiliados de todas las épocas y me solidarizo más con ellos.

Miradas, sensaciones y dudas

En días pasados, de forma recurrente, venían a mi memoria situaciones, sensaciones y pensamientos que había vivido o había reflexionado no hacía mucho tiempo. Parecían sin importancia, pero estaban allí, en mi cerebro, y acudían como en un mecanismo de asociación libre mental. Os las cuento a continuación intentando separarlas, aunque seguramente no lo lograré; quizás por algo aquel día venían todas entrelazadas.

Reunión

Llegaron casi al mismo tiempo: tenían más o menos mi edad. Se sentaron los cuatro en la mesa del bar que estaba al lado de la mía. Estaba yo solo y los observé al comienzo distraídamente y después con una curiosidad quizás mal disimulada. Traté escuchar de lo que hablaban y al mismo tiempo veía sus rostros; estuvieron casi dos horas. Por sus caras pasaron sentimientos de alegría, nostalgia, resignación y también tristeza. Alcancé a oír que hablaban de sus trabajos pasados, de sus mujeres, de sus hijos, de enfermedades y de proyectos e ilusiones para la vida. Se despidieron con fraternales abrazos y quedando para otra vez; a todos se les notaba ciertos achaques de la edad, pero sin duda algo los había unido en sus vidas y ahora se reencontraban disfrutando de la amistad, de la compañía y hacían balances de la existencia. Cuando se marcharon, me quedé pensando en el paso del tiempo y los lazos de amistad.

Volví a casa, cogí el teléfono y llamé a mis amigos de siempre para quedar ha tomar un café y charlar. Me di cuentas de cuántas cosas nos unían y de que el tiempo no se detenía.

Encuentro

Hace unos meses leí un artículo que hablaba sobre que la inteligencia puede ser «contagiosa»: sin duda que era un titular periodístico para atraer la lectura, dado que no es exactamente así. Lo que desarrollaban en el texto era que un ambiente intelectual bueno donde se valore mucho el conocimiento, la curiosidad por el saber, y donde la cultura y las preguntas a la realidad conocida estén siempre presentes, serán un estímulo y desarrollo de habilidades cognitivas que podrían muchas de ellas englobarse en eso que llamamos inteligencia. Tengo amigos a quienes admiro por tener estas cualidades a las que se le suman la sensibilidad hacia los problemas de «todos» y no solo los individuales o propios. En algunos de ellos predominan más unas características que otras, pero que hacen que los demás, cuando contactamos con ellos ya sea en la cercanía o en la distancia, percibamos que nos enriquecemos.

Hace días me encontré en la calle con uno de ellos: hablamos de pie en una esquina del barrio por donde paseamos a menudo. Durante los veinticinco minutos que duró esa charla informal tocamos de forma rápida y superficial, pero espontáneamente conectados, temas como la vejez, la muerte, la literatura, la familia, los recuerdos y la memoria, los animales, la necesidad de escribir y las diferencias entre las generaciones y la política. En fin, cuando proseguí el camino me sentía mejor, diferente, ya que el estímulo «contagioso» que este amigo me había transmitido con sus reflexiones y dudas me catapultaron a pensar en los temas abordados con una energía placentera de esas que uno siente cuando avanza en el conocimiento. Buen alimento para el cerebro, aunque dudo que la inteligencia notable de mi amigo se me haya contagiado; pero sin duda me ha ayudado y enriquecido.

Despedida

Mi padre ya hace más de doce años que ha muerto: el mes pasado hubiese cumplido ochenta y nueve años. Al pensar en él, recordé nuestra despedida.

La ambición fantasiosa de viajar en el tiempo ha estado desde siempre en el cerebro humano. El deseo de ir al futuro por esa ansiedad de querer conocer y no saber esperar ha disparado nuestra imaginación y nuestros deseos, pero quizás el volver atrás en el tiempo para rectificar nuestros comportamientos sea aún más fuerte que la mirada al futuro.

Pensaba todo esto al recordar hoy a mi padre, que ha fallecido ya hace unos cuantos años. Me voy haciendo «mayor» y con más intensidad siento el deseo imposible de reparar lo ya vivido. Mi padre, por su carácter y educación, no expresaba los sentimientos de forma verbal, pero era un ciclón de afectos, al menos para mí: me dio cariño, valores, apoyo y respeto; en mi adolescencia y juventud no supe apreciar todo aquello. Ya pasados los años y por circunstancias de la vida vivimos separados por una distancia inmisericorde. No supe en su vejez transmitirle todo lo que lo quería y, peor aún, no supe agradecerle los sacrificios que a lo largo de la vida hizo para que yo saliera adelante y tuviese lo que a él le fue negado en su vida por el entorno social y económico de su época. La última vez que estuvimos juntos fue cuando vino a visitarme y a conocer a sus nietos pequeños: el día que se marchó, lo acompañé al aeropuerto y en ese momento, cuando pasó el control de pasajeros y su figura desaparecía tras las mamparas, supe que era la última vez que lo vería. Lo sentí así en aquel instante porque consideré la edad, los achaques que él tenía y otra vez esa enorme distancia que nos volvía a separar. Se fue y no le expresé lo que sentía por él y cómo valoraba todo lo que me había dado y enseñado; nos despedimos en aquel aeropuerto y nunca más nos vimos.

Ojalá pudiese doblegar al tiempo para volver atrás, rectificar mi comportamiento y fundirme en un abrazo de afecto, cariño y agradecimiento. Sé que eso no es posible y eso acentúa el dolor y la frustración: trataré de que de esa experiencia salga alguna enseñanza para mí y para otros y así evitar esos errores, al menos lo intentaré. Si tú estás a tiempo de evitar circunstancias similares, hazlo.

Algo menos de maldad

Aquella tarde estaba somnoliento, apenas despertándome de la siesta cuando sonó el teléfono. Era mi hermana: me llamaba desde Argentina para darme una noticia. Tras colgar me sentí más aliviado, sentí que el mundo era un poquito mejor, más limpio, más justo, más libre, más civilizado, más pacífico, más solidario… Sin embargo, también sentí pena por los que no están ni nunca podrán sentir esta sensación placentera y cálida; pensé en sus vidas truncadas, en los martirios que además sufrieron antes de morir y desaparecer; sentí pena por mis amigos, por sus padres, por mis padres, por sus hijos, por mis hijos. Sentí alegría, pero también tristeza por lo tarde que a veces llega la justicia. En fin, sentí muchas cosas cuando mi hermana me dijo que había muerto Antonio Domingo Bussi, el general homicida de los años setenta de aquella Argentina triste y sangrienta donde muchos sufrían y otros miraban hacia otro lado a veces por miedo y otras veces por complicidad. Pensé y recordé a todos los humillados y maltratados por ese ser arrogante, autoritario, torturador y genocida mesiánico del mal y de la locura; también recordé con amargura a los que un día lo votaron y apoyaron para que siguiese ejerciendo su soberbia totalitaria y denigrante gobernando como un caudillo liberticida.

Deseo desde lo más profundo de mi corazón que esto no vuelva a repetirse ni en aquel país ni en ningún otro y que con la muerte de ese tirano podamos los humanos respirar sintiendo que desde hoy hay algo menos de maldad.

Dejé de escribir estas reflexiones y llamé a mis hijos y a mis amigos para contarles la noticia. De repente, me inundó la angustia de los recuerdos e intenté evadirme oyendo algo de música; no lo logré. Me gustaría que los seres humanos aprendiésemos de los errores que cometemos para no repetirlos, pero, en fin, también sé que eso es difícil, aunque siempre lo debamos intentar. La desaparición de los seres viles y malvados ayuda, aunque sea muy pero muy lentamente, al progreso sinuoso de la humanidad, al menos así lo creo y deseo para mis hijos y las generaciones futuras.

Hoy me suena extraño que una muerte me pueda alegrar y al mismo tiempo angustiar, pero es así y quizás muchas otras personas compartan este mismo sentimiento. Un saludo a todos los que vivieron aquella época de locura y terror. Un abrazo, amigos.

Eligiendo

Desde muy temprana edad, nos encontramos con la necesidad de elegir: unos más y otros menos, según el entorno y la circunstancias que rodeen al individuo en cada momento. Se entiende por elegir la acción de escoger o preferir a alguien o algo para un fin. Una vez que hemos hecho una elección lo que acontece a partir de ese momento está a su vez influenciado por nuevas condiciones que son producto de otras decisiones realizadas por otras personas: esas otras elecciones ajenas pasan a ser también parte de nuestra existencia en lo más próximo, pero también en lo relativamente distante. Las elecciones u opciones que tomamos están marcadas por nuestra elaboración personal en la que influyen sentimientos, personalidad, ideologías, creencias y la historia individual ya vivida; pero sin duda también tienen un peso importante los valores y los estímulos de la sociedad en la que uno está inmerso.

Aunque tomamos decisiones casi de forma constante, hay determinadas elecciones que marcan intensamente nuestro futuro: la elección de pareja, de amigos, de la ocupación a la que nos vamos a dedicar, de marcharnos o quedarnos en un momento dado, de hablar o callar, entre otras muchas; son las que influirán sensiblemente en nuestras vidas. Al escribir estos ejemplos, vienen a mi memoria de forma abrumadora e incontenibles centenares de decisiones que seguramente han modificado y aún modifican mi existencia: todas estas son acciones que determinaron mi pasado y presente y seguramente ya no tienen vuelta atrás.

¿Cuántas veces nos habremos equivocado en nuestras elecciones? Seguramente en muchísimas ocasiones y con consecuencias irreversibles; sin duda que también habremos acertado en otras. La vida es un camino de elecciones donde quizás algunos tengamos más posibilidades de elegir según vivamos en un país o en otro o pertenezcamos a una clase social u a otra sin olvidar también la extraordinaria influencia del azar en el universo. En fin, para algunos la capacidad o el derecho a elegir son las líneas demarcadoras de la existencia y, sin embargo, para otros el peso de sus elecciones son menos importantes para construir su futuro, ya que les vienen impuestas las decisiones que condicionarán su paso por este mundo.

Pienso en este momento cuál fue la elección más importante que he tomado y que me ha traído hasta este presente en el que estoy: el solo planteármelo me produce una cierta agitación emocional de la que deseo escapar. Y tú, lector, ¿has pensado cuál o cuáles han sido tus elecciones más determinantes? Cuándo lo hayas pensado, imagina una ucronía personal y quizás así vivas con ilusión nuevas experiencias o vidas más enriquecedoras y diferentes.

Pensamientos a la deriva

En ocasiones, la actividad cerebral libre hilvana ideas y conceptos diversos tras estímulos muchas veces desconocidos. A continuación, algunos de ellos:

Ayer, hoy

Ayer absorbías mi yo y me inundabas de placer,
ayer revolucionabas mi ser y enloquecías mi cerebro,
ayer por ti rompí los límites,
ayer cuando acariciaba tu piel se enajenaban mis sentidos,
ayer me conmocionaba tu presencia y hasta creí alcanzar la felicidad.
Hoy eres para mí indiferencia, distancia, frialdad, nada…;
hoy solo eres recuerdo, vacío, olvido;
hoy eres bruma incierta, niebla.
Hoy, ayer, hoy, solo bioquímica neuronal, quizás imprescindible para estar vivo.
Duele esa constatación, duele la realidad,
pero, al menos, aún duele.

Sorprendido

Pensaba que tardarías en llegar, pero llegaste:

las imágenes, los sonidos y los recuerdos… se nublaron;
la comprensión, la creación y los reflejos… menguaron.

Comienza el declive del yo y me rebelo, pero sin éxito.
La materia se degrada, se gasta, se deteriora:
alma, cerebro, bioquímica, disfunción;
tiempo, agotamiento, limitación.
Creí que disponía de más tiempo, pero me quedé dormido;
dejé los proyectos para el futuro, pero el futuro ya era el
presente.
Envejecimiento, me has sorprendido, pero aún no me has
vencido.

¿Qué es poesía?

Flujo de vocablos que en el cerebro
producen emociones, modifican sentimientos,
inducen a la reflexión, ayudan a percibir la belleza
y a entender el amor, la alegría, la tristeza, el dolor y la
muerte.

Flujo de palabras que a diferencia de otras formas literarias,
acelera los pasos en nuestras neuronas para dar en la diana de
los centros de la moral,
de la ética, de la estética, y nos muestra nuestras limitaciones,
las bajezas y las grandezas humanas.

Solo unos pocos tienen la virtud de construir estas salvas a nuestra sensibilidad y

entendimiento, pero ojalá fuésemos muchos los que lográsemos sentir sus efectos.

La poesía y la gran composición musical parecen una proeza olímpica de algunos humanos que nos otorgan a los demás los estímulos necesarios para poder comenzar a andar.

Gamonedetti

Quizás inoportuno, contradictorio,
orfebre de la palabra, torrente de palabras,
detalle, mesura, todo, transgresiones,
descriptor del sentimiento, portavoz del sentimiento,
intelecto, belleza, emociones, vida,
selecto, preciso, masivo, natural,
parte de la vida; muchas vidas.

Ambos llenan mi cerebro y ambos me ayudan a pensar,
sentir y percibir la belleza y la humanidad de los seres que
nos rodean.
A veces me da igual cómo se diga, pero no me da igual el
vacío y el silencio.

Gamoneda y Benedetti, los dos estáis en nosotros, vuestros
lectores,
que nos enriquecemos con vuestras palabras, vuestras reflexiones, vuestras miradas…

Los dos nos ayudáis con vuestros vocablos, con vuestras ideas, con vuestra sensibilidad a mirar de otro modo, a sentir de otro modo; en definitiva, a ser algo mejores.

Escuchar

Cuando escucho a un fanático
sé que después habrá dolor.
Cuando escucho a un intolerante
sé que después habrá sufrimiento.
Cuando escucho a un dogmático
sé que luego habrá lágrimas.
Cuando escucho a un fundamentalista
sé que más tarde habrá arrepentimiento.
Antes que desear no oír, me gustaría que no existiese la sinrazón.

Civilización

Dudo de lo que es, pero sé lo que no es:
civilización no es aterrorizar, maltratar, vejar, matar;
no es violar, humillar, sojuzgar, intimidar;
no es terrorismo, no es venganza,
no es fanatismo, no es ignorancia,
no es irreflexión, no es blandura ni dureza,
no es intransigencia, no es imposición, no es oscurantismo.
Es quizás saber, inteligencia, conocimiento, respeto,

solidaridad, hermandad, tolerancia, empatía,
identificación, afecto, comprensión;
es ciencia, es cerebro fraterno, es convivencia.
Es vida frente a la muerte,
es Eros frente a Tánatos.
Civilización no es solo cultura, es más:
es lo que somos o podríamos ser.

Prejuicios

Quería entenderte,
quería ponerme en tu lugar,
quería oír tus argumentos,
quería poder comprenderte,
quería ser consciente de que no poseo la verdad;
quería sentir, pensar y sufrir contigo,
quería poder ver con otra mirada,
quería, quería…, pero no pude:
los prejuicios me lo impidieron.

No siempre

No todos los jóvenes son progresistas,
no todos los viejos son sabios,
no todos los pobres son buenos,
no todos los ricos son malos,
no todos los marginados son solidarios;

no todas las vivencias son blanco o negro,
no siempre se lleva la razón.
No basta la inteligencia para acertar,
no bastan las buenas intenciones para no errar;
no siempre controlamos al *animal homus* con el componente
sapiens.
No siempre.

Balance

Agresividad, nacionalismos, odios;
solidaridad, empatía, amistad;
egoísmo, desconfianza, maldad;
altruismo, afectos, convivencia;
guerras, individualismo, violencia;
compasión, fraternidad, tolerancia;
balance de actitudes, del bien y del mal,
De la luz y la oscuridad, de lo abierto y lo cerrado,
de los muros o sin ellos, de la libertad y de la tiranía.
Transcurrimos la existencia en este balance con más dolor
que alegría.

Proceso

Energía, meiosis, mitosis,
mitosis a la n, error, reparación,
mitosis, error, reparación, error, error,

error…, agotamiento.
Telómeros menguados, entorno, desgaste,
tinieblas, brumas, ausencia, oscuridad,
vacío, silencio, olvido, desmemoria, final…
¿Final? Recomienza el proceso: meiosis, mitosis…

Estuldad

Estuldad es un neologismo, es comportamiento humano.
Estuldad es arrogancia y vanidad,
es individualismo y envidia,
es insolidaridad y violencia.
Estuldad es racismo y xenofobia,
es dogmatismo, ignorancia y fundamentalismo.
Estuldad es intolerancia, es etnicismo identitario,
es carencia de empatía, de compasión y de fraternidad.
Estuldad es irreflexión,
estuldad es la suma asimétrica y variable de estupidez y
maldad.
¡Enhorabuena para quien descubra los mecanismos íntimos
de la estuldad!

★★★

Bueno, intento romper con esta cascada de recuerdos y de
asociaciones libres, pero de repente me asalta una pregunta que
no logro responderme: ¿por qué o para qué escribo?

Epílogo

El término *epílogo* proviene de una palabra del latín que a su vez deriva de un vocablo griego: sirve para denominar aquello que cierra una exposición, es decir, para realizar una recapitulación sobre un tema del cual se ha hablado extensamente a modo de conclusión. Suele encontrarse al finalizar la última parte de una obra de ficción o también de forma concluyente al término de un ensayo.

Creo que este título (epílogo) en el libro que acabáis de leer no es muy correcto, por ello pensé en ponerlo en interrogante. Digo esto porque no puedo hacer aquí una recapitulación general ni mucho menos una conclusión: los escritos de la obra están compuestos de relatos algunos de ficción, otros no, y también de reflexiones e incluso asociación libre de pensamientos y recuerdos; lo que quizás caracteriza más a los temas precedentes es su heterogeneidad. Así salieron estos escritos, del cerebro al papel como un fluido que a su vez me conducía a la pregunta de por qué lo hacía, es decir, por qué o para qué escribía.

No me animaba un interés profesional ni lucrativo como escritor, ya que soy un aficionado con escasa formación, pero dispuesto a contar historias o compartir pensamientos probablemente para que no se pierdan y para no olvidar. Pensando y leyendo sobre la necesidad de las personas de escribir y contar historias, me encontré con un resumen sobre este asunto de la escritora y filósofa malagueña doña María Zambrano. Ella publicó en junio de 1934 un artículo en la Revista de Occidente que tituló «Por qué se escribe»; en ese proclama que «escribir es defender la soledad en que se está». Esta acción solo brota desde un aislamiento efectivo, advierte Zambrano, pero desde un aislamiento comunicable: se escribe para salvar las palabras de su momentaneidad, de su ser transitorio. El escritor «quiere decir el secreto»; quien escribe sale de su soledad a comunicar el secreto encontrado («Descubrir el secreto y comunicarlo son los dos acicates que mueven al escritor»). Así, en unas líneas que no solo atienden al «porqué», sino también al «para qué» y al «para quién», y dando un paso del acto de escribir al de «publicar», desvela su arcano: «Lo que se publica es para algo, para que alguien, uno o muchos, al saberlo, vivan sabiéndolo, vivan de otro modo después de haberlo sabido». Aunque comparto esas observaciones hechas por Zambrano, en mi caso no creo haber descubierto ningún «secreto» y, por lo tanto, desde mis humildes escritos pienso que los he realizado para que algunas historias no se pierdan, para compartirlas con amigos y darles formas en un papel a ideas a veces recurrentes en la actividad cerebral de mi psiquismo.

Estas ideas me llevaron también a preguntarme qué es ser un escritor. Recientemente en un curso de la Fundación Ramón Areces se describía al escritor como aquel que crea mundos ficticios a partir de su experiencia biográfica personal, sistema de valores, conocimientos, ideología y pensamientos; pero los personajes de sus obras no se pueden identificar con él ni siquiera cuando llevan el mismo nombre. Y, sin embargo, toda obra es, en alguna medida autobiográfica, pues tras ella hay una base personal, intelectual e ideológica que es propia del escritor; se transformará mediante el proceso de escritura en algo radicalmente distinto: una obra literaria o al menos la pretensión de serlo. Estudiar la dialéctica entre realidad y ficción, entre biografía y fantasía, es una forma de iluminar el proceso de creación artística que los expertos escudriñarán con más o menos acierto, pero en mi caso y desde la perspectiva de un simple médico que se lanza a escribir y compartir lo escrito, quizás solo sea una forma de atajar recuerdos y vivencias que desde el inconsciente pugnan por salir a la superficie.

Gracias a todos los lectores que han compartido conmigo estos escritos. Hasta la próxima.

José Herrera Peral
Febrero, 2020